剑桥学习高手

超实用学习法

振宇 —— 著

中国妇女出版社

图书在版编目（CIP）数据

剑桥学习高手超实用学习法 / 韩振宇著. -- 北京 ：中国妇女出版社，2021.7
ISBN 978-7-5127-2006-0

Ⅰ.①剑… Ⅱ.①韩… Ⅲ.①学习方法 Ⅳ.①G442

中国版本图书馆CIP数据核字（2021）第119512号

剑桥学习高手超实用学习法

作　　者：韩振宇　著
责任编辑：肖玲玲
封面设计：尚世视觉
责任印制：王卫东
出版发行：中国妇女出版社
地　　址：北京市东城区史家胡同甲24号　　邮政编码：100010
电　　话：（010）65133160（发行部）　　65133161（邮购）
网　　址：www.womenbooks.cn
法律顾问：北京市道可特律师事务所
经　　销：各地新华书店
印　　刷：三河市祥达印刷包装有限公司
开　　本：150×215　1/16
印　　张：12.75
字　　数：190千字
版　　次：2021年7月第1版
印　　次：2021年7月第1次
书　　号：ISBN 978-7-5127-2006-0
定　　价：49.80元

自序

Preface

高效学习法助我逆袭成功

我至今仍记得2017年参加剑桥大学毕业典礼的那一天。我穿上崭新的西装，身披黑色的学袍，小心翼翼地戴好只有在正式场合才能佩戴的白色领结。平时从来不在意穿着的我，出门前还是忍不住又照了照镜子，“嗯，不错，形象满分”！我深吸了一口气，还是抑制不住紧张、兴奋的心情，也许自己21年来等的就是今天这一刻。

在礼堂里，我终于等到自己的名字被念出来。我走向礼堂中央，伸出双手，双膝跪下。校长握住我的双手，极其庄严地朗诵了一段拉丁文。我知道，这一刻意味着我正式从剑桥大学数学系毕业了。当我起身走出礼堂时，守候在门口的导师和同学们纷纷跟我握手表示祝贺。

之前我还在跟朋友吐槽：不就是一个毕业典礼吗？为了这一刻要起个大早忙活排练队形一整天。此时我才终于理解它的分量：这一刻，获得的不是世俗权柄，不是浮名浊利，而是对知识的无限敬畏。

我生长于中国北方的一座城市，上小学和初中时，我并不是“学霸”，甚至可以说是一个贪玩不喜欢学习的孩子，学习成绩始终徘徊于班级的中下游。中考逼近带来的压抑气氛和每天朝七晚九的枯燥生活令我闷闷不乐，几乎崩溃。我极不喜欢这样的学习生活，认为用这种反反复复做题和考试的方式来学习，即便将来考上心仪的大学，我也是个“废材”，因为我是以牺牲自己的兴趣爱好、学习主动性和创造力为代价的。我希望成年后回想起自己的少年时光，它是丰富多彩、快乐自由的，而不是在书山题海的记忆中浮泛。我的想法得到了父母的理解，他们开始与我一起探寻我未来的出路，赴英留学成了我们的选择。

到了英国之后，喜欢数学的我在自由探索数学奥秘的过程中突然开窍了，我不仅找到了适合自己的高效学习方法，而且成功突破了以往无论如何努力成绩都上不去的瓶颈，从一个“学渣”蜕变成了“学霸”，不但成为学校中数学成绩最好的学生，还在英国各项数学赛事上7次获得金牌，成为英国奥数国家队队员，代表英国参加各大国际数学赛事，帮助英国国家队取得历史最好成绩。获奖归来后我还被英国广播公司（BBC）誉为“欧洲最聪明的年轻人之一”。同时，我还连续两年获得英国高中物理竞赛金牌。我如愿以偿考入剑桥大学数学系后，大一时参加美国国际大学生数学建模竞赛获得特等奖。在校期间，立志未来从事教育事业的我“手把手”辅导7名中学生考上了剑桥大学数学系。

回顾自己的成长经历，我深深感到：学习成绩好不好，起关键作用的除了用功程度，还有学习方法。如果学习方法不对，再用功也可能只是事倍功半，甚至徒劳无功；而一旦掌握了适合自己的高效学习方法，便可以举一反三，事半功倍，收到奇效。我就是采用高效学习法，创造了两周时间自学完高中数学课程的“奇迹”。

我认为，要想实现高效学习，至少要做到三点。

第一，要有足够的动力，无论是自身的内驱力，还是来自周围环境的外驱力，都是至关重要的。如果没有动力，就像一个无穷大的数字乘以零一样，一个人最终会一无所获。

第二，改变传统观念，找到适合自己的学习方法。学习的目的是想办法让自己掌握知识，所以不必拘泥于搞题海战术。

第三，要勤于思考，无论是理科还是文科，特别是需要大量记忆的英语，10小时的死读书不如1小时的活思考，这是能够与他人大幅度拉开学习成绩差距的关键点。

很多学生不了解这些，一味地苦学、笨学，下了很大功夫，付出了很多精力，可是收效甚微，考试成绩不理想不说，还往往容易失去信心。我自己曾经和他们一样，是一名再普通不过的学生，我的智商和学习基础甚至不及他们。既然我能够凭借高效学习法实现成功逆袭，那么他们同样可以做到，我何不与他们分享这种学习方法，帮助那些还处于挣扎中的孩子完成蜕变呢?

这个想法让我渐渐产生了责任感和使命感。剑桥大学毕业后，我放弃了从事投行、金融、精算等光鲜工作的机会，主动回国创业做起了国际教育，旨在辅导国内中学生不用学得那么辛苦照样可以考上世界名校。

多年的教育实践经验让我对如何高效学习有了更深刻的认识和理解，一个又一个可喜的教育成果也印证了高效学习法的有效性和推广价值，这让我有信心更大范围地传播我的学习理念和学习方法，以帮助更多不曾谋面却苦寻学习方法而不得要领的学生，不负我当年决心投身教育事业的初衷。

感谢彭博女士向我提议并督促我完成这本关于学习理念和学习方法的书；感谢陈子寒先生为我的书稿做了细致指导并提出颇有见地的修改意见；感谢我的父母为我所做的一切，以及为本书所做的大量深入细致的基础工作；还要感谢“静好课堂”平台为我录制了《剑桥少年教你打造超级学习力》音频课程，它为本书的出版奠定了很好的基础；更要感谢中国妇女出版社团队的辛勤付出，他们高效专业的编辑水准和一丝不苟的敬业精神令我深受感动。

当然，我在书中分享的学习理念和学习方法不一定适合所有学生，完全照搬照抄不一定可取，它们更大的价值或许是带给你启迪与思考。由于我学识有限，书中难免会有疏漏和错误之处，希望广大读者批评指正，帮助我将这本书不断完善。本人邮箱：756734469@qq.com。

希望本书能够帮你做到高效学习，实现人生的逆袭。

韩振宇

2021年2月

目 录

Contents

3

调整心态

不做学习机器

4

理科学习

转变观念是关键

1

学习动力

“心动”决定行动

没有学习动力，一切都是白费

有这样一类学生，无论我怎么磨破嘴皮教他们该如何学习，教给他们科学的学习方法，到头来却没有任何效果，这一度让我怀疑自己是不是一个好老师。后来我才慢慢发现，问题的关键是他们没有学习动力，没有把时间、精力放在学习上。

我曾在网上看到过这么一句话，讲得很贴切：“以大多数人的努力程度，根本还没有到拼智商的地步。”的确，聪明的头脑和学习方法固然重要，但如果不做任何努力，再聪明的脑子、再有效的方法，就像一个无穷大的数字乘以0等于0一样，最后什么都没有。后来每当接触新的学生时，我都会先去激发他们的学习动力，然后再教他们学习方法。

要想找到学习动力并不难，一部分源于学习之外，一部分源于学习本身。下面我讲四个激发学习动力的方法，前两个方法源于学习之外，后两个方法源于学习本身。

如果这些方法运用得当，你就会轻松找到自己的动力源泉，拥有源源不断的力量。

设置阶段任务

我发现一个有趣的现象：在许多城市里，中小学生都热衷于学习跆拳道，而对我们博大精深的中华武术却少有兴趣。

为什么会这样呢？我们先不去讨论跆拳道跟中华武术到底哪个更厉害，从理性客观的角度分析，跆拳道的传授方法确实比中华武术的传授方法更符合学习规律。

中华武术讲究扎实的基本功，冬练三九、夏练三伏，马步一站三年，有多少孩子会喜欢并坚持下来呢？而跆拳道入门却非常容易。从白带到黑带，每一阶段都有详细的分解动作和考核标准，练习者可以清楚地看到自己的进步，也就更容易从中体验到成就感，获得动力。

在这里，我介绍一个获取动力的方法：设置阶段任务，并通过设置阶段性任务目标来检验学习效果。

此方法不仅可以通过做短时间、高强度的脑力训练来锻炼大脑，而且可以通过不断完成阶段性任务，让自己有一种持续进步的成就感，学习动力自然而然就产生了。另外，如果能适当地犒劳一下自己，就会让自己对于完成整体任务更有动力，学习过程也就不那么枯燥了。

山田本一是20世纪80年代日本的一名马拉松运动员，在1984年东京国际马拉松邀请赛中，名不见经传的他出人意料地获得了冠军。当时许多人都觉得如此瘦弱的他拿冠军只是偶然。然而两年后，在米兰举办的意大利国际马拉松邀请赛上，山田本一再次获得冠军。山田本一的接连夺冠其实并非偶然，10年后，谜团终于被解开。

山田本一在他的自传中称：每次比赛之前，他都要乘车把比赛路线仔细看一遍，并把沿途比较醒目的标志画下来。比如，第一个标志是银行，第二个标志是一棵大树，第三个标志是一座红房子，等等，就这样一直画到赛程的终点。

比赛开始后，山田本一就奋力向第一个目标冲击，到达第一个目标后会给自己一个肯定和鼓励的心理暗示，然后振作精神向第二个目标冲击……就这样，40多千米的赛程被他分解成若干个小目标，最后他轻松跑完了全程。

然而，很多人不懂得这样的道理，直接把目标定在终点，结果跑到十几公里时就已疲惫不堪，对未跑完的那段路程，往往彻底失去了信心。

高手秘籍

学会拆解自己打算完成的学习任务，如果自己打算做100道题，那么就以10道题为一组，设置成10个小目标，每完成一个小目标就奖励一下自己。

寻找内驱力

其实每个人都能找到很多让自己努力学习的理由，尤其是把改变现状的想法转换成动力，这比别人强加给你的所谓梦想更加直接有效。

我曾经是个“网瘾少年”，经常偷偷玩网络游戏，那时，我内心是没有任何学习动力的。直到上了初四（四年制初中），父母为了改变我萎靡不振的状态，跟我商议后做出了让我出国留学的决定，这才有了我人生转折的契机。然而这个决定做得并不容易，亲朋好友都很保守，担心我出国留学有风险，同时也会给家里带来经济压力，都劝我不要出去，乖乖留在国内念书。

我心里很清楚，反对我出国留学的人也是为了我好，担心我出国后没人管束，不好好学习，浪费昂贵的学费，还可能沾染恶习。这些质疑声刺在我的心里，也让我父母有些难堪。我百口莫辩，只能默默攥拳：一定要学业有成，证明他们对我的看法是错的。

那种想要发奋的感觉如同在我的体内注射了兴奋剂一样，让我仿佛有了用不完的力气。我沉下心来学了一整天都没有分心，那一天的学习效果，堪比之前浑浑噩噩状态下一个月的学习效果。这是之前从未有过的。我立刻意识到，如果我能利用好这种情绪和内驱力，那么没有什么事是做不成的。

于是我开始慢慢调整自己，学会待人谦逊，不锋芒毕露，但是内心变得强大和自信。我会去想象自己学成后与之前多么不一样，家人会为我感到骄傲，那些不看好我的人会感到惊讶。我会不断在心里暗示自己，一定要努力变成一个优秀的人，绝不认输。

就这样，因为强烈的自尊心和好胜心，每当想偷懒或者没达到自己的预期目标时，我就会对自己进行灵魂拷问："你真的甘愿比别人差吗？""你真的是一个没有梦想、总想让自己舒服偷懒的人吗？"

每当这样问自己的时候，一个不服输的念头就会令我有动力坚持下去，曾经被怀疑和否定的场景就会浮现在眼前，让我知耻而后勇。

当然，要强的性格太过外露张扬，也不是好事。但是，每一个强者无论外表看起来多么谦逊，他们的内心都会有无比强大的一面，那是他们一直努力的动力。

高手秘籍

每个孩子身上都肩负着父母、家庭的期待，都想通过努力来证明自己，这往往就是最直接、最有效的动力。通过铭记一些最深刻且最打动自己的瞬间，加上不服输的性格，每个人的内心深处都可以产生强大的动力。

发掘知识用途

前文说的是来自学习之外的动力，接下来我再说说学习本身可以带来的益处。

初中毕业时我曾经一度厌学，因为日复一日地上课，而所学到的知识却让我觉得很空虚、很茫然。我经常会不由自主地想：“老师、家长拼命地让我们学习的数理化，到底能用来干些什么？大人们早已忘记了以前学过的知识，不也照样过得好好的吗？”

对于这些疑问，你是不是觉得很熟悉？

即便后来我喜欢上了数学，被数学纯粹的美所吸引，我仍然没有办法很好地回答这个问题：“我们学的数学到底对现实生活有什么帮助？”

在剑桥大学上大一时，我参加了美国大学生数学建模竞赛。我惊奇地发现：之前学过的抽象数学理论都派上了用场，为现实问题提供了有效的解决方案。突然间我对数学的求知欲多了起来，因为我深刻地体会到，这些看似抽象的理论对现实世界至关重要。

高手秘籍

关于学习的好处大家都知道，比如，锻炼思维能力、增长知识，等等。但这些理由都太过抽象，没有足够的说服力。如果能通过亲身经历，深刻地理解自己所学的知识对社会、对生活、对自己有着什么样的用处，那么学习的时候就不会那么迷茫了。

转变自我观念

我经常会问家长和学生这样一个问题：“你们觉得学习这件事本身是有趣的吗？”

人们对学习有着不同的理解，因此也会有不同的答案。但事实是，对于很多人来说，学习是一件很无趣的事情。

我最开始接触这个观点的时候，内心是抗拒的，也很震惊。难道学习不是一个既有趣又充实的过程吗？但是仔细想一想，事实并非如此。

以长跑为例，跑步的时候我们要不停地抬脚、落下，再抬脚、落下，如果是在运动场上或者是在跑步机上跑步，连身边景观都是一样的。这确实是很乏味的事情。虽然有很多喜欢跑步的人，但他们其实并不是喜欢跑步本身，而是喜欢那种投入状态，以及在跑步结束后给身心带来的那种充实感和愉悦感。

学习也是如此，只不过过程更加困难、枯燥。取得学习成效周期长，有时候还带有强制性，如果违背人的主观意志，痛苦感就更强烈了。

残酷的事实是，想要让学习知识的过程变得很有趣是极其困难的，否则也不会有“寒窗苦读”的说法。不过也不要太过悲观，虽然我们不能让学习变得更有趣，但是我们可以采用转变自我观念的方法，让自己在学习的过程中得到快乐。

下面有3种方式可以帮你改变对学习的看法。

将被动学习变为自主学习

你有没有遇到过这样一种让你扫兴的情况：

当你觉得自己的房间有点儿乱了，正兴致勃勃地打算做一次大扫除时，这时你的父母训斥你：怎么能把房间弄得这么乱，赶紧收拾！你顿时兴致全无，甚至都不想继续打扫房间了……

很多人觉得学习是痛苦的，其中一部分原因便是它具有强制性，不管你愿不愿意，都要每天早上去上学，晚上完成老师留的作业。但是，如果我们能够按照自己的意愿，去选择主动学习，或者由自己来选择学什么、怎么学，那么在学习的时候就会感到轻松愉悦很多，因为这是按照自己的意志主动去学习的。

高手秘籍

在做作业的时候可以调整好心态：这套题是重点题型，的确值得我去练习，而不是把它理解成老师逼迫我去完成的任务。这样的心理暗示会让自己的心态有本质上的转变，避免了被强制学习的痛苦，让学习更有动力。

把学习想象成可以获得动力和乐趣的事情

美国研究生入学考试（GRE）一直是大多数人的噩梦，因为它对单词量的要求非常高，并且还是那种不常用的单词。

背单词是一件没有乐趣的苦差事，我的一位朋友独创了一套把这份苦差事变成愉快事情的方法。

朋友做了一个计算：如果能够搞定2万个英语单词考过GRE的话，每年大概可以获得4万美元的奖学金，那么每个单词的价值大概是15元人民币，这还只是一个单词在一年的收入。所以，他每天都强迫自己记忆200个单词，这样到了晚上结算的时候，他会觉得每记住一个单词，就相当于有15元钱打进了自己的银行卡里，一整天算下来就相当于赚了3000元钱，比在银行工作的“金领”赚得还多。

把背单词转换成赚钱，这事实上就是把抽象的目标赋予实际的意义，让本来无聊至极的苦差事变得有趣。最后这位朋友轻松地考取了高分，拿到了奖学金。

高手秘籍

学习本身可能是痛苦的，但是通过学习获得的效果往往是令人心动的。用自己的想象力做一个“等价转换”，让痛苦的学习过程等价于心动的学习效果，学起来也就不那么枯燥乏味了。

把学习当作比赛

人很少能在一种需要消耗大量脑力和体力的活动中坚持下来，但是如果加入了竞争元素，整件事情就会变得不一样。

以赛车为例，如果是一个人开车，绕场跑好几十圈，没有人会觉得有意思。但是，如果有十几辆车同时出现在赛场上，气氛就会立刻变得热烈起来。

学习也是一样的，我们设定一个目标，找到一个对手，在考试排名中努力赶超对手，那么学习就变成了比赛，学起来也更加动力十足。

高手秘籍

在班级里选一位自己特别崇拜的同学当作自己赶超的目标，形成原动力。

2

学习态度

远离假装勤奋

别做看起来很勤奋的懒人

很多家长都陷入了一个误区，认为孩子成绩不好是因为孩子太过懒惰，只要花足够多的时间在学习上，成绩一定可以得到提高。有些家长更是恨不得让自己的孩子除了吃饭和睡觉之外，时时刻刻都在学习。

我见过这么一类“勤奋”的学生，他们会在周末起个大早去上课，中午匆匆吃完既贵又难吃的盒饭，下午再赶往下一个上课地点。但残酷的事实是，这些学生的辛苦和父母交的课时费常常得不到相应的回报。

相反，我相信每个人身边都会有几个让人羡慕嫉妒恨的“别人家的孩子”，每天只花少量时间学习，仍然可以做到成绩优异。可能很多人会说：“这种孩子天生就聪明，比不了。”不可否认，聪明是一方面因素，但是孩子之间的智商差距真的导致有人学习1小时相当于别人学习10小时吗？

在中小学阶段，学习内容尚不是晦涩难懂的大学问，但会学习、成绩好的学生比那些死读书的学生看上去更聪明。所以，最大的问题不是智商的差距。

我曾经也是死读书但成绩不佳的学生，后来却成为大家眼中的“学霸”，对这个问题深有体会。我觉得死读书的人其实是看起来很勤奋的懒人，而那些会学习的人则是看起来懒惰、实际上却很勤奋的聪明人。

我清楚地记得我14岁时突然在学习上开窍了。那时我的第一感觉是我之前从没有真正地认真学习过，只是假装在学。比如，我每天会机械性地完成老师留的作业，觉得做完就是完成任务了，就连被老师批了红叉，也不愿意追究为什么做错了，正确答案应该是什么。而实际上做题的根本意义在于找出哪些知识还没有理解并加以巩固。我在抄写理科概念公式、英语单词或语文课文的时候，只是手在动，而大脑早已神游四方，抄了一遍也不知道自己在写什么，更别提老师是希望我们能够理解并背诵下来了。

虽然看似每天学习了10多个小时，但真正有效的学习时间可能连1小时都没有。而最具讽刺意味的是，我却觉得自己已经学了一整天，还天真地期待着自己的学习成绩可以提高呢。

很多家长在认识上有一个误区，觉得孩子的学习效率哪怕再低，但只要学习了，就比把时间用在玩上强。事实上恰恰相反，没有效率地学习还不如不学，原因有二。

1.每个人都需要适当的休息，爱玩是人的天性。磨洋工式的学习方式虽然表面上是把玩的时间用在了学习上，但实际上压抑了天性，并且毫无快乐可言。久而久之，孩子会觉得学习是一件极其痛苦的事情，慢慢地失去动力和后劲儿，甚至导致厌学等心理问题。

对于这一点我深有体会，这种病态的学习方式即便帮助一个孩子“学出来”了，当这个孩子上了大学或者工作之后，它的负面效应也一定会显现出来。

2.长时间低效学习会摧毁人的时间观念，使大脑长期处于半使用状态，需要时（比如考试）很难进入高效状态。比如，一套卷子本来可以1小时完成，但平时做题磨磨蹭蹭进入不了状态，总是用2小时做完，那怎么可能期待自己到了考场就可以一反常态，精神高度集中达到最佳状态呢？到时候只怕自己想集中注意力，但大脑却不自觉地开始“溜起号”来。唯有平时每次学习时都集中注意力，才能保证自己在考试时正常发挥。

那么，怎样才能摆脱低效学习状态呢？我介绍3种有效方法：高效休息法、打破常规法、思考至上法。

高效休息法

我的切身体会是：要掌握高效休息的方法，养成科学合理的生活习惯，永远不要为了学习而减少必要的睡眠时间。

一般成年人需要8小时左右的睡眠时间，有的人会多一些，有的人会少一些。有的人每天睡4～5小时就足够了，我却是一个怎么睡都睡不够的人，每天要睡8～9小时才不会犯困。这样算下来，他们一年中可利用的时间凭空比我多了1800多个小时，大约有75天，如果再乘以50年的话，那就是10年的时间。当我得出这样的结论后，我发呆好久，感觉自己凭空比别人少活了10年。

于是，我打算减少睡眠时间，让自己有更多的时间用于学习。可是由于缺少睡眠，我整天迷迷糊糊，学习效率骤减。从表面上看，我花在学习上的时间多了，但实际上每天完成的事情反而更少了。没过多久，我便放弃了这个做法。

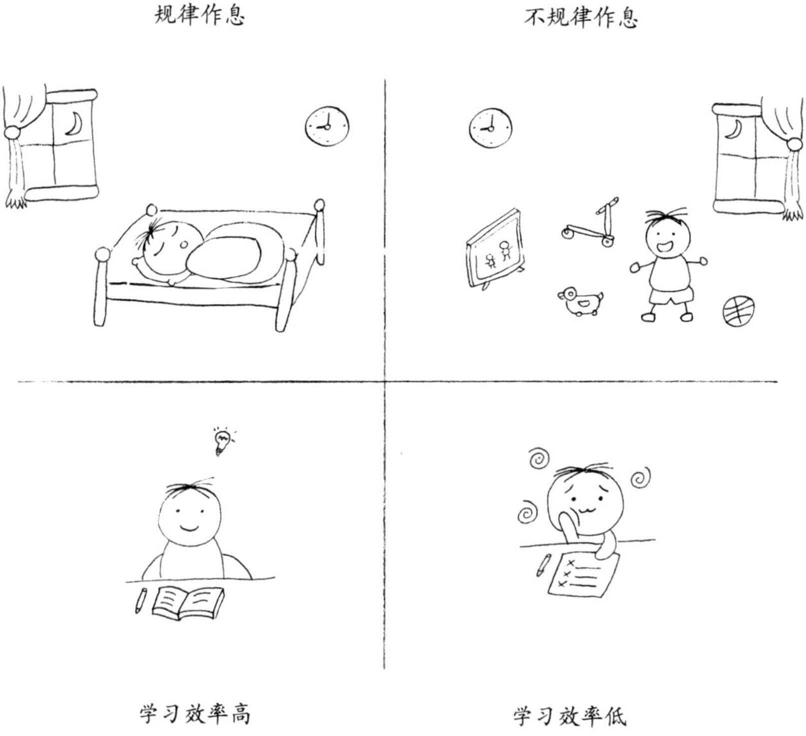

不得不承认，人跟人是有区别的，就好像车跟车有区别一样。有的车就是耗油多，有的车却耗油少。我们没法改变耗油量，也没法选择自己究竟是什么样的车，所以我只好接受自己是一辆油耗非常大的车的事实。

不过，即便如此，应对方法还是有的，那就是学习的时候高效，休息的时候更高效。

可能很多人跟我有同感，中午睡个午觉就可以大大地缓解疲劳，虽然可能只睡了10分钟，却好像夜里睡了一大觉一样舒服。

科学家通过实验证明了午睡是最高效的休息方式，于是我开始尝试调整自己的睡眠时间，在晚上少睡一会儿，有条件的话中午一定要午睡，哪怕5分钟也好。

这样下来我发现，午睡后大脑会处于高度活跃的状态，学习效率较高，这让我非常高兴。

高手秘籍

不断尝试、不断调整，找到适合自己的休息方式，是件很值得做的事情。永远不要为了学习而减少必要的休息时间。

延伸阅读

高效睡眠法

临睡前	入睡前90分钟内沐浴（泡温泉效果更佳）
	足浴（可以消除疲劳，还可以让人感到身心愉悦）
	食用冷制品（酸奶麦片或冰镇西红柿）
	舒缓的伸展运动（不会导致大脑兴奋）
	深呼吸（让交感神经趋于平静，副交感神经占主导位置）
上床后	荞麦枕有安神和清热效果（如对荞麦过敏，可选类似填充物），低的枕头有利呼吸
	用鼻子呼吸
	放空大脑，尽量减少睡前娱乐活动，如刷抖音
	听同一首单调的曲子
	默念“我要睡觉”，诱导睡眠
	电热毯与热水袋会导致床上温度过高，影响睡眠，建议温度上升后不再使用
白天	在晨起前20分钟定一个音量小、时间短、不重复的闹钟，确保在浅度睡眠中醒来，获得最佳清醒状态（注：从深度睡眠到浅度睡眠需要20分钟，在正常起床前20分钟设定闹钟，可为这一转变提供一个缓冲期）
	起床后立即活动（可提高体温）
	沐浴或用冷水洗手、刷牙（具有刺激性）
	早餐时多咀嚼，细嚼慢咽可刺激神经，保持大脑活跃
	晨间运动不宜出汗过多，否则会导致体温下降，从而出现睡意
	有条件可以午睡20分钟左右，不要超过1小时
	下午之前喝咖啡可提神，不至于影响夜间睡眠（喝热饮比喝冷饮更有助于保持清醒）
晚上	入睡前90～120分钟是决定夜间睡眠质量的关键，不能忽视最初的困意，若犯困坚持不睡，会使大脑过于活跃，从而难以进入深度睡眠，降低睡眠质量
	若必须熬夜工作，可以先睡100分钟左右再起床继续工作；若有时间可以继续睡，不过睡眠质量会下降

打破常规法

按部就班地学习常常使人处于低效循环状态，只有打破常规才有可能实现高效学习。

我曾经有个学生，她是一个学习特别认真的女生，每一门学科每一个章节，她都会记很多学习笔记，但是她的学习成绩和认真的学习态度不成正比。尽管她一天到晚地抓紧时间学习，却仍然觉得时间不够用。我和她一度都非常困惑，问题到底出在哪里呢?

通过观察，我终于发现了其问题所在，原因竟是她花了太多时间做了太多的笔记。她做笔记的时候，会用不同颜色的笔，用事先设计好的格式，工工整整地一条一条记录，有时甚至会因为跟之前的笔记格式不一样，强迫自己撕下来，整页重抄一遍。并且为了保证笔记格式的一贯性，她会事无巨细地把重要的、不重要的，难的、简单的都记录下来，完全不是为了帮助自己学习而记笔记，更像是记录一本杂记。当我问她复习时是否会看笔记，她却说大多数内容记完之后根本不会再去看第二眼。

这让我联想到我的一位同学，他曾是剑桥大学数学系的一位“神人”。上课的时候，大家都在奋笔疾书地抄黑板上的板书，他却很少记笔记。问他何故时他告诉我，板书上的大部分内容都在书里，当然就没有记笔记的必要了，还不如在黄金记忆时间内把公式等多理解几遍。

以上例子虽然是两个极端，但我相信读者看了之后都能明白其中的道理。我们应该做对自己真正有益的事情，而不是不假思索地循规蹈矩。

类似的事情还有很多。

比如，平时做练习册的时候，不必每道题都做，可以在自己学得扎实的地方少做几道题，而在自己学得薄弱的地方多做几道题。

传统的学习方法，比如上课认真听课、记笔记，完成老师布置的作业，做课后习题等，它们确实是适合大多数人的学习方式，但不适合每一个人。

很多人都会问我，最好的学习方法到底是什么。

我的回答是：世界上不存在任何一种适合所有人的学习方法，只有通过不断尝试、不断评估改进后，才能找到对自己真正有帮助的学习方法，这也是最好的、最适合自己的方法。

以前听老师讲解期中或期末考试卷的时候，我会期待老师讲解我做对了的难题，每每听老师讲到被我绕开了的陷阱或者被我破解的难点，我就会很有成就感，以致忽略了那些自己做错的题目。后来我才明白，做题的意义在于发现自己的问题和短板，并加以改正和提高。

高手秘籍

摆脱低效学习状态，多做自己不熟的题型。每次发现错题后及时查漏补缺，这样进步较快。

思考至上法

著名哲学家笛卡尔用“我思故我在”这句话说明，只有真正的思考，才能让自己的存在有真正的价值。

平时给学生讲课的时候，我会一遍又一遍地强调：学理科，尤其是学数学，最需要的是动脑思考，理解和掌握其规律和本质，而不是机械性地做题、背题。否则，出题人只要在题目中稍微设个小“陷阱”或者改变一下题型，你就不会做了。

我如此不厌其烦地向学生强调思考的重要性，可是有一天，我还是被我的一名学生“打败”了。

一天下课后，有名学生兴致勃勃地跑过来问我：“老师，请问书店里卖的哪套练习册的题型最全？就是只要记住里面所有的题型，考试就没有问题的那种。”

我听了之后内心快崩溃了。难道我上课不断地引导学生思考，竟然毫无效果吗？

数学不是靠背来学的，更不能妄想凭记住某本练习册的所有题型就全掌握了。

有这种想法的学生不在少数，他们虽然看上去很努力，想一本一本背完练习册里面所有的题型，但实际上他们是最懒的人，因为他们懒得去思考，希望通过蛮力解决问题，哪怕花更多时间、学得更辛苦。

很多人都有这种毛病，他们最不愿意做的事情可能就是思考。比如，很多人愿意花3小时抄写语文课文，却不愿意花1小时去写一篇作文。

然而，真正会学习的人总是努力地去弄懂知识点背后的内在逻辑，并找到其本质原理。

一道数学题，如果给出条件A、B、C去求D，真正会学习的学生就会努力去弄懂它的内在解题逻辑，并找到知识点所运用的原理，这样，如果题目变成已知B、C、D求A也一样能做出来。但是不会思考的人会把已知A、B、C求D，或已知A、C、D求B，或已知A、B、D求C，或已知B、C、D求A当成4道题来做。

高手秘籍

一个人有效的学习时间与表面上的学习时间完全没有关系，而是与用大脑思考的时间成正比。然而很多学生常常意识不到这一点，他们只有1/10的时间是在真正地有效思考，这也就能解释为什么不同的人学习效率有10倍之差了。

3

调整心态

不做学习机器

巧妙化解学习生活中的难题

统计数据显示，对学生造成困扰且最难解决的两个问题是分神、沉迷电子游戏。

说到分神，大多数学生可能都经历过这样的场景：你学习英语半小时了，这时发现有一个英语单词不认识，拿出手机开始搜索这个单词，然后突然瞄到了其中的热搜榜，看到了自己十分关心的资讯，于是你想花2分钟时间看看也无妨，结果一个帖子接一个帖子看下去了；一个朋友发来微信问你在干吗，你告诉他正在学英语。在等他回信息的时间里，你打开朋友圈，发现一篇文章很有意思，便读了起来。

本来只想查一个单词，结果1小时没了！分神就像一个黑洞，在不知不觉中吞噬着我们的时间。

说到打游戏上瘾的问题，读者们可能会联想到近年来一款火爆的手机游戏，很多学生都沉迷其中，无法自拔。

关于网瘾调查的数据表明，越是被家长看管得严的学生越容易沉迷网络游戏。原本是通过打游戏来放松，在突破临界点时，就变成了沉迷、上瘾。

分神、沉迷电子游戏，真的有这么大杀伤力吗？到底怎样应对才最有效呢？

科学“溜号”，提高学习效率

在学习过程中，很多人将分神视为洪水猛兽，会采用各种方法试图让自己学习时不“溜号”，保持高度专注。但分神在所难免，有时实际上是在提醒我们要劳逸结合，放松一下自己。

适当地转移注意力，可以显著地提高学习效率，只不过我们需要科学合理的“溜号”，让自己的大脑放松一下。

10分钟“溜号”法

上大学的时候，我有一位同学特别用功，总是泡在图书馆里学习，学习成绩也很好。但是跟他一起学习的时候，我发现他总是一边学习一边玩手机游戏，这种行为跟他的“学霸”形象完全不符。

有一次聊天的时候，我向他提出这一疑问。

他解释说，他玩的是回合制游戏，也就是每隔1小时才能打下一个回合，每个回合5～10分钟，想连续打是不行的，这对他来说正好是一个休息周期，可以把自己的“溜号”时间完美地控制在5～10分钟之内。

由于这样的短暂“溜号”让自己很满足、很快乐，所以接下来的学习就很有劲儿，能够做到全身心高效地学习。

听了他的这番话，我恍然大悟。打游戏与高效学习这两件看似没有任何联系的事情，被他如此巧妙地结合起来，便成了一种独特的劳逸结合的方式。

当然，我并不是鼓励大家学习他的这种学习方法——靠打游戏来转移注意力，而是说可以找到一种可控的、不上瘾的“溜号”方式，才是持续高效学习的制胜关键。

比如，学累的时候，我们可以做做俯卧撑、深蹲或平板支撑。这种转移注意力的休息方法，不仅时间是可控的，还可以锻炼身体，一举两得。

聊天“溜号”法

之前我在剑桥大学和我们这一届公认最厉害的“学霸”一起自习的时候，我发现他每做完几道题都会跑过来跟我们聊聊天，吐槽一下学校里的事，然后再回去做题。可见，做“学霸”也是偶尔需要“溜号”的，而找朋友聊聊天就是他的“溜号”方式。

转移注意力的方式有很多，比如，闭上眼睛，听一两首纯音乐的曲目或者整理一下房间等。

根据自己的性格和兴趣爱好，不同的人有不同的“溜号”方式，要找到适合自己的方式。但是在短时间的休息中，切记不要采取刷手机、看视频，或者打一局游戏这类容易上瘾的方式。

高手秘籍

人不是机器，可控的“分神”对学业重压下的学生来说可起到调节身心的作用。事实证明，适当转移注意力比长时间不间断学习效果好很多。所以，当你学累的时候，一定要站起来暂时“告别”书桌。

正确对待电子游戏

我曾经是一个不折不扣的“网瘾少年”，对于这个话题，我想跟大家好好聊一聊。

对自己玩游戏的结果要有准确的预判

在决定玩一个游戏之前一定要慎重考虑，好好分析一下这样做会不会占用大量的时间，会不会一旦玩起来就停不下来。比如，当见到一款游戏宣传时，如果发现正是自己喜欢的类型，由于深知自己近期没有那么多时间玩这个游戏，我就会理智地告诉自己，不管有多么心动，都不能入这个“坑”。

重要时刻卸载游戏

还有一种方法就是在重要时间节点卸载游戏，以免分心耽误学习。每当考试季，我都会把电脑里的游戏全部卸载，然后把电脑收起来，学习时也会找一个没有网络的地方。只有脱离了舒适区，才能心无旁骛地学习。

学会转移注意力

当觉得已经出现网瘾现象的时候，我们可以有意识地把兴趣从电脑、手机屏幕上转移到看书、听音乐、约同学一起出去运动等方面，以平衡业余活动的时间安排。

有的家长问我，孩子沉迷手机游戏，要不要没收他的手机？对于这个问题，我觉得不能一下子没收孩子的所有电子产品，完全不让他玩，因为这样很容易让孩子产生逆反心理，引起一些不良后果。

我建议家长不妨从以下两方面和孩子沟通：

第一，告诉他玩是可以的，但要分清主次，可以在学习一段时间之后玩一会儿游戏。

第二，告诉他除了玩游戏之外，生活中还有很多有趣的事情，比如可以去尝试户外的体育活动。

游戏本身没有错，只要利用好了，也可以是一种很好的休息方式，没有必要因为有人上瘾就碰都不能碰。我觉得，只要是在健康的方式下，可以给自己的爱好多留一些时间。否则，很容易让人产生越不让玩就越想玩的逆反心理。

4

理科学习

转变观念是关键

其实理科学习很简单

我曾经只用了两周时间就学完了高中全部数学课程，对此很多人不敢相信，瞪大了眼睛对我说："这怎么可能？"

我的故事是从2010年10月10日开始的。那个时候，我已读到初中最后一年，从早到晚没完没了的上课、复习、考试让我倍感痛苦。

父母理解我的感受，决定让我初中毕业后出国留学，同时还向老师申请让我休学在家自学我感兴趣的高中数学课程。

那时的我并不知道该如何自学，于是买了从高一到高三的全套数学练习册，加起来一共有3000多页。

我的自学计划很简单，每天学习并做20页的题，这样算下来大概半年就可以全部学完。

刚开始的内容并不难，我做了一下午的题，发现答案都是对的。本来这是件令人高兴的事情，但是脑海中突然冒出的一个想法使我陷入沉思：我刚刚之所以能轻松地做出来那些题，是因为其知识点都是我掌握得很好的，如果不做这些题，也不影响我掌握这些知识点，那么对我来说，这个下午我提高了什么能力呢？

假如我只挑几道典型的题来做，仍然能准确无误的话，那么我就可以跳过其他同类的题，这样不就可以只花10分钟就能达到做一下午题的效果了吗？！这个想法让我异常兴奋。

这也是我第一次对学习做出思考。之前的我只是盲目地学习，老师让我干什么我就干什么，就像接受命令一样，机械性地完成。

这个自我提问好像一下子为我打开了学习的大门，我豁然开朗。于是我开始思考第二个、第三个问题。比如，我真的一定要按照高中规定的学习顺序学吗？教科书里面的内容我有必要全弄懂吗？等等。

每一次思考都会让我更加接近学习的本质，也就是更好、更高效地掌握知识；每次反思也让我更加了解自己：我的自学方法有什么优点和缺点，哪部分知识是自己的强项，哪部分知识是自己的软肋。

就这样，我的学习效率成倍增长，在两周时间里，我虽然没有把3000多页的数学练习册全做一遍，但是里面的内容基本上都掌握了。

数学是理科中最具灵魂的学科，物理、化学以及生物都是与其紧密相关的，数学学好了，物理、化学成绩一般也不会差。

高中时我一心要考剑桥大学数学系，于是每天的学习重点全在数学上面。后来我参加英国物理竞赛时，在几乎毫无准备的情况下，因为有严密的逻辑思维和良好的数学功底，依然连续两年获得英国物理竞赛的金牌。

我刚刚讲的虽然是学数学的一段经历，但学习方法同样适用于物理、化学，甚至文科类学科。其实理科的有效学习方法总结起来很简单——了解学习方法、了解自己、了解实质。只要做到这三点，那就可以实现突破。

了解学习方法

学习的目的是要更好、更高效地掌握知识，但想要实现这一目标却没有想象中那么容易，尤其是那些最用功、最听话的学生反而更不容易做到。

比如，上课的时候，尽管之前通过预习你可能已经理解全部的知识内容了，却还要再听一遍；做作业的时候，同样的题型已经做过很多遍了，却还要再做一遍。

其实，这样的学习效率是非常低的，这就是之前我讲过的假装在学习。虽然上课时要认真听课，但是不要忘了我们学习的目的是要更好地、更高效地掌握知识，不要让所谓的“听话”成为你假装在学习的挡箭牌。

所以，与其做一个“听话”的学生，不如做一个聪明的学生。

类似的观念还有很多。

比如，平时考试的时候太在意自己的分数，总是得意于自己做对了哪些题，而不愿意去面对自己做错了哪些题；或者是考试的时候有一些本来拿不准的题，但是考完之后发现自己侥幸做对了，就不去管它了，这也是不对的。

我有一位同学，在平时考试中对拿不准的题总是选择空着，绝对不会去蒙答案。因为他觉得如果蒙对了，自己下次做这道题的时候，可能又会不记得解题思路；而考试后找到正确答案，反而印象比较深刻，今后就一定不会出错了。

我非常同意他的做法，这是一个真正了解学习本质的人。

可是，在学习上有这种智慧和勇气的人不多。我们经常会看到，有些同学记笔记的时候，太在意自己记得全不全、工整不工整，却完全忘记了记笔记的意义所在——记录自己易忘的知识点。

有些同学的笔记虽然看起来杂乱无章，但记录的内容都是学得不扎实的知识点，这类笔记其实是非常实用的。

还有些同学在做习题的时候过分在意自己一共刷了多少道题，以为自己做的题越多，知识点掌握得就越牢。其实并不是这样，只有在做知识点掌握得不是很牢或者不会做的习题时，才会有所收益。

如果想要更好地了解自己的学习情况，我们就需要不断地问自己：“我现在正在做的事情是否真的能让自己更好地掌握知识？”

如果不是的话，我们就要及时地改变学习方法，停止这种假装学习的行为。

了解自己

也许有的同学会问："如果我不从头到尾做完一道题的话，我怎么知道自己是不是真的会做？如果我不去听老师讲的每一句话，万一有的地方我真的不懂怎么办？"这就需要我们在学习中更好地了解自己。具体来说要做到以下两点。

了解自己对每个知识点的掌握程度，这样才能对"选择性学习"做出最正确的决定

每学完一个知识点，我都会对自己的掌握程度、做题速度和准确性进行评估，通过不断总结，更清楚地了解自己的能力。比如，我的代数计算能力非常强，所以在做代数题的时候，我一般只考虑解题思路，不一定一一计算出每道题的最终结果。因为只要思路对了，最后肯定能计算出正确答案，这样可以节省很多时间。

可能很多人会觉得这样的学习方法非常冒险，不如踏踏实实地多做几道题，加强自己的熟练程度。这样的想法看似很有道理，但其实不然。因为不管我们选择什么样的学习方式，学习时间都是不变的，既然学习时间一样长，那为什么我们不去选择一个效率更高的做法呢?

我有一位学习能力特别强的同学，他在大学本科期间做了一件令普通人想都不敢想的事情——利用学习之余的零散时间自学精算师资格考试辅导材料，考取了精算师资格证。要知道精算师资格考试是非常难的，复习资料加起来将近2万页，即使是大学本科精算系毕业的学生也很难保证考试一次过关。但是他竟然只利用碎片时间就考取了号称“天下最难考”的精算师资格证。

除了天赋和学习能力外，他依靠一种叫作知识性价比的概念来分配自己的时间，以达到最佳的学习效率。

他在学习前大量翻阅以往的考试试卷，了解哪方面的内容在考试中出现的频率最高、分值最多，并了解其难易程度。根据这些信息，他合理地分配自己的学习时间，安排学习内容。比如，一些必考的、分值多的知识点，他会花更多时间去摸透它们；一些太难的、不太重要的内容，他会选择战略性放弃。

他的做法带给我的启发非常大，因为知识是无限的，而时间是有限的，所以在学习的时候，我们不仅要考虑花费多少时间，更要考虑时间性价比问题。

了解自己对学过的知识能记住多少，以决定采取什么样的复习方法对自己最有效

在授课中，很多同学都会向我提这样一个问题："学过的东西总容易忘，记不住怎么办？"这确实是困扰很多人的一个问题。

但是我对这个问题的看法或许跟别人有些不一样，容易忘、记不住，体现出来的其实是自我认知问题。因为记不住是一件再正常不过的事情了。即使是英语天赋再好的人也不可能做到看一遍单词表就能都记住，数学能力再强的人也不能保证某种题型做过一遍就会。所以，我们需要转变观念，知道自己学过的东西会忘记，需要不断复习。

那么，怎样复习效果才会更好呢?

经常复习是非常管用的方法。比如，我们学习了一个知识点后，如果在记忆的黄金时间点复习，这样效果会非常突出。记忆的黄金时间点依次是5分钟之后、20分钟之后、1小时后、12小时后、1天后、2天后、5天后、14天后，在这些时间点上分别复习一遍，这样就会记得很牢固。

这个方法虽然看似简单，但把它变成习惯是很难的。不过，如果对自己有一个清醒的认识，知道自己容易忘记，然后多进行复习，即使没有什么规律，也会收获很多。

我也经常有记不住的时候，哪怕是在自己很有优势的数学科目上，也经常会忘记解题思路。所以，每隔一阵子我就会把自己曾经做过的题再做一遍。

高手秘籍

作为学生，一定要清楚自己的强项和弱项是什么，自己的学习进度怎么样，以及什么样的学习方法最适合自己，这样才能有的放矢，达到事半功倍的效果。

了解实质

我发现，很多同学习惯于死记硬背数理化公式、定理，而不关心它们都是怎么得来的，这样学理科是有问题的，所以我要强调一下理科学习中了解实质的重要性。

我一直坚定地认为，掌握数学公式、定理时，比单纯地记住它们更重要的是理解，理解它们为什么是这样的，是怎样推导出来的。

虽然我们可能有时并不需要知道一些公式、定理是怎么来的，只需记住它们就好，但是知道一个公式、定理的推导过程和原理，可以帮助我们理解它们的本质，让我们在做题的时候更容易抓住核心，举一反三。因为只要知道了怎样去证明它们，哪怕忘记了公式，我们也可以自己推导出来。如果只是死记硬背公式、定理，一旦记错那么解题结果肯定就是错误的了。

数学解题就是一个抽丝剥茧的过程，从复杂的题目中看清其本质，找到关键点迎刃而解。我们必须练出一双火眼金睛，才能在出题人设计的层层陷阱或障眼法中找出隐藏的突破口，把问题进行简化。这也是我能够高效学完高中数学的主要原因。

在做题的过程中，我发现其实很多题目都是同一类型的，它们具有同样的“中心思想”，只不过是换了不同的数字和问法，在不同的情境中问相同的问题，正所谓“换汤不换药”。

我认真地总结过每类题型的本质：

1.它是通过什么样的方法一步一步做出来的。

2.总结每道题中出现的条件如何被很好地利用起来，读懂出题人在不同的问法中给我们透露出怎样的提示。

通过不断总结，只需做“透”一种题型，就可以达到做几十道题、上百道题的学习效果，3000页的高中数学练习册，我用两周时间就完成了。

看清题型的实质之后，我们就可以轻松地举一反三，自己做出题人了。这样，一个知识点不管以什么样的题型出现都不会难倒我们。

比如，题中给出了A、B、C三个条件，求另外一个条件D，那么我们就可以反过来去想，如果题目中给了B、C、D这三个条件，我们要怎样求A，或者给了A、C、D这三个条件，我们要怎样求B，等等。

高手秘籍

有的学生理科学习能力强，其实就强在擅长发现问题的本质。所以想要提高学习成绩，一定要练出抽丝剥茧、去伪存真的功夫。俗话说“学好数理化，走遍天下都不怕”。为什么不怕？其实不是因为你掌握了多少数理化知识，而是因为你通过学习数理化拥有了把握事物本质的能力。

5

数学能力

学好数学，走遍天下

正确认识数学是学好数学的前提

很多时候人们对数学这门学科都抱有偏见。学习语文可以出口成章，文采飞扬；学习历史能够以古鉴今，跟朋友聊天时，也能增加谈资；学物理至少可以看懂电路，家里电器坏了的时候，专业知识也能派上用场。但是，学数学有什么用呢？平时买菜也用不到三角函数，为什么我们还要一直学到高中，甚至大学呢？

数学这门学科，既不像化学需要记住特殊的反应式，也不像英语有固定的词组搭配，更不像语文开放命题会出现不同答案。

做数学题时，每一步推理都有着缜密的逻辑支持，对错分明。如果说我们的大脑天生是用来做理性思考的话，那么数学绝对会是最简单、最实用的学科。但事实并非如此。如果我们在学生中做一个统计——你最不擅长的学科是什么，那么大多数人的回答绝对是数学。

很多时候，我跟别人聊天时告诉对方，我本科读的是数学系，别人的反应都会是："哇，你好厉害！数学是我学得最吃力的学科，怎么学也学不明白。"中国学生常常因数学不好而自卑，而外国学生却喜欢在一起吐槽数学这门难学的学科。

为何大多数人学不好数学？对这个问题我也曾经百思不得其解，还特意跑去问我的数学导师，他的回答让我恍然大悟。

他说，其实我们的大脑并不是为了逻辑思考而存在的，因为在史前时代，逻辑思维能力对于人类的生存来说并不重要。

举个例子来说，如果我们的祖先在森林里听到草丛里有响声，那么思考或推断草丛里是否有野兽也许并不是最好的应对方式，此时的明智之举是哪怕只有百分之一的危险都要逃跑，这样才符合弱肉强食的自然法则，逻辑思维能力不如感性的经验主义判断更有用。早期的人类文明是建立在感性的直觉思考基础上的，人类的进化并没有给我们一个学数学的脑袋。

接下来，我将从物质和精神两个维度帮助大家重新认识一下数学这门神奇的学科，我认为这是学好数学、热爱数学的重要前提。另外，我也会跟大家探讨一下学好数学的秘诀。

学好数学的益处

学好数学的益处实在太多了，从学习、工作和生活的实际来看，我认为主要有以下几个益处。

数学学得好，其他学科也差不了

大多数偏科的同学是英语、语文学得特别好，甚至接近满分，数学却总是不及格。但是，你很难找到数学学得好，而其他学科却很差的例子，因为数学思维可以在很大程度上为其他学科的学习提供助力。

比如，解物理应用题时你会发现，其实把物理的表象剥掉后，本质上就是数学。我因为平时做惯了数学难题，逻辑思维能力得到了极大的锻炼，对于步骤繁多、复杂的物理解题过程，我也可以一步一步地厘清所有脉络，最后借助数学计算能力解决问题。

所以，如果想提高成绩，我建议从学好数学开始，数学成绩上去了，其他学科的成绩也会相应地提高。

数学是用途最广的专业之一

数学是一切理科的基石，所有学科都或多或少地要用到数学，比如物理、化学、金融等学科。

我在参加完美国大学生数学建模竞赛之后，对这段话的理解又深刻了许多。数学建模是将实际问题抽象化，将它合理地转换成数学问题，然后加以解决。

在美国大学生数学建模竞赛中，我们队研究的题目是《埃博拉病毒的传染趋势模型以及制定疫情国家的物资分配方案以减少传染发生的可能性》。

对于数学系学生来说，无论是对埃博拉病毒、传染学，还是对发生疫情的国家，我们当时都感到无比陌生。

但是，在阅读了大量资料和论文之后，我们将问题列成一个个数学微分方程，4天的比赛期间，我们遇到的最难解决的问题不是医学问题、传染病学问题以及地理经济学问题，而是其中所蕴含的数学问题。

最后，凭借着缜密的逻辑思维和扎实的数学功底，我们队脱颖而出，最终预测结果和后来的实际情况误差只有10%，比卫生组织的官方预测结果还要准确得多。

历年的数学建模题目，大到清理太空垃圾，小到如何做出最完美的蛋糕，表面上都跟数学没有任何关系，但实际上是紧密相连的，这也是为什么比赛叫作数学建模竞赛，评委基本上也都是数学教授的原因。

剑桥大学实行学科的金字塔分级制度，数学位于金字塔的塔尖，往下依次是自然科学、工程、经济、哲学、社会科学、文学，等等。

不难看出，这种分级制度是按照学科与数学的紧密联系程度划分的，它决定了学生如果中途转专业，只能从上一层转到下一层，却不能从下一层跳到上一层。

仔细想想其实不无道理。比如，如果从数学系转到金融系，只需要提升写论文、看文献、了解金融术语和金融知识这些软实力就可以了。只要有决心，花足够多的时间总可以补上，但是反过来想补数学却相当困难。

数学是很纯粹的基础学科，本科以上的数学能力需要大量的积累，是很难速成的。如果是学金融，有些内容虽然之前从未接触过，但可以借助常识来帮助思考理解；反过来，如果听数学课的时候有知识断层，那么就很可能会像听天书一样完全听不懂。

所以，在上大学填报专业的时候，如果不确定自己对什么专业感兴趣，那么数学是你最好的选择，因为它具备转向其他任何专业的可能性。

数学思维对生活的帮助

在日常生活中，数学思维不但可以帮助你制订最合理、幸福指数最高的消费策略，还能让你更理性地投资理财；在为人处世上，数学思维中看清事物本质的能力能让你洞悉一切，就算是在最感性的情感方面，也可以通过合理的数学建模，来帮助你最大概率地找到最合适的另一半。

高手秘籍

虽然实际情况充满变数，种种数学理论也许并不完全适用于生活，但是拥有理性思维方式能让你对事物拥有更好的宏观把控能力，从而做出更好的决策。

数学带来多重精神享受

很多人觉得学数学是一件痛苦的事情，就算智商高、学得轻松的人，在学习过程中也没有丝毫快乐可言。我很能理解这样的感受。

我虽然爱好数学，但学习过程中也是苦乐交织。我经常因为弄不懂一些定理而痛苦，甚至还曾深深地感到绝望。

不过，我还是要说，学习数学真的能够带来快乐，这种快乐体现在以下几个方面。

能让人感受艺术美

数学是一门纯粹的科学，但它更像一门艺术，有着令人叹为观止的美。

我至今还记得，当我第一次看到欧拉公式的时候，我被数字之间巧妙的结构震撼了。

如果说《向日葵》是艺术大师凡·高笔下的神作，那么欧拉公式就是上天赐予的艺术品。它将0、1、圆周率、虚数、自然对数，以一种非常巧妙的方式组合起来，形成了一个等式。

欧拉公式小巧精练，但是它蕴含的深刻思想却几乎能解释宇宙的一切奥秘。

这种数字间神奇的巧合，让人非常震撼。因为深入了解那些美妙神奇的定理之后，会让人很难相信数学是客观存在的真理。在证明过程中，惊人的数学巧合和纯粹的逻辑之美，更像上帝精心设计的产物。

在大学期间，我又进入一个更高维度的数学世界，虽然无法亲眼见到四维空间中的超立方体，但是通过学习它的特点便能获得精神上的高度愉悦。

让精神世界更加富足

虽然大多数的数学理论都很抽象，但它们总能很巧妙地在现实世界中找到相应的应用。

比如，复杂的微分方程可以帮助我们预测埃博拉病毒的传染速度；研究素数，可以用来加密保护我们的银行账号的安全。所以，哪怕是学习抽象的数学理论，也能帮助我们更深刻地理解现实世界中的各种事物。

虽然高深的数学理论似乎对我们的日常生活并没有什么实际的用处，但是人的生命只有一次，除了物质的追求外，也要有精神的追求。而了解大千世界各种有趣事物的原理，可以让我们的精神世界更加富足。

数学可以成为人生一大爱好

在17世纪，很多数学原理是由数学爱好者发现的，如法国的费马是一位律师，数学只是他的业余爱好。

在剑桥大学数学系，不仅能见到十五六岁就被破格录取的天才少年，也能见到白发苍苍的老爷爷，他们成了学校一道亮丽的风景线。有时他们在课间还会跟我们一起讨论数学问题，他们强烈的求知欲令我备受鼓舞。

能让人产生顿悟的喜悦感

我最喜欢学习数学的原因之一是喜欢解出难题时那种豁然开朗感，上一秒还一脸蒙地看着题目中所给的条件不知道该怎样运用，而下一秒突然有了灵感，找到了隐藏其中的那条逻辑线。这种顿悟的瞬间，就像侦探绞尽脑汁终于发现了破案线索一样。

高手秘籍

客观来讲，数学学起来并没有那么简单，很多人觉得自己高中的时候数学成绩还不错，高考便选择了数学专业。有时候高分只是机械刷题后造成的假象，到了大学之后，问题就全暴露出来了，数学成绩大幅下降，甚至只能在及格线徘徊。

所以，并不是所有人都适合走数学这条路。如果不是真心热爱数学，如果没有正确的学习方法和思维模式，你可能难以真正享受到数学之美，而有些人看起来没怎么努力就学得比你好很多。

优化数学思维

从数学的角度来看，英国数学教育的独特之处体现在数学思维培养上。

举个例子。关于三角的正弦公式和余弦公式，国内通常的题型是已知三个条件，求另外两个。老师一般会告诉你，把所有相关的题型都做出来，从而知道怎样通过三个条件求出另外两个条件。

而英国的老师通常是让你先了解原理，然后根据原理自己去探究相关的题型，学会举一反三。

剑桥大学数学系面试内容之一就是测试学生的数学思维方式。面试时，一般是教授出一道经典的题目，跟学生一起来做。

我记得，面试时我被问到四维空间中的超立方体是什么样子？当时我一头雾水，因为此前我从未遇到过这样的题，对四维空间也缺乏了解。

其实，教授并不期待你知道这方面知识，但他们想看到你举一反三的能力，让你想象怎样从二维空间跳跃到三维空间，再借鉴这个过程，思考怎样从三维空间跳跃到四维空间。

虽然你可能没有做出这道题，但如果你展现出来的数学思维非常好，他们也会录取你；如果你做出了这道题，但他们看出你只不过是因为见过这种题型，或者单纯地通过一般性推导做出这道题，他们也是不会录取你的。我也许是沾了数学思维比较好的光，最终被录取了。

有人也许会说，很多学生参加国际奥数竞赛成绩都非常好，说明他们数学水平高。

是的，获奖的学生确实很优秀，但是你可能不知道，英国的参赛学生不上奥数班，不做课外练习册，全凭兴趣自学达到跟我们“流水线作业”培养出来的学生相当的水平。

数学思维真的很重要，千万不要满足于考试得了高分，而应关注自己在做题过程中思维是不是得到了优化。

我平时是这样锻炼自己的数学能力的。

1.做练习册的时候，我不会一道题接一道题地把全册做一遍，面对很多相似的题型时，我会非常认真地只做其中一道题，总结它的特点，提炼它的中心思想，这样就能达到做一题相当于做很多题的效果了。

2.我在做题的时候，经常主动进行知识延伸和思维拓展，比如，思考这道题可不可以有10种解法，可不可以设置10个更深奥的问题。

这些思考优化了我的数学思维，但是因为固定题型做得少，在考试时好多题对我来说不是很熟悉，我需要经过思考才能做出来，自然就比其他学生用时多，而且我的答案与标准答案相比总是缺这少那，我经常因为少写了个“解”字被扣分。这也许是我数学成绩总是不能拿高分的症结所在。是要高分还是要能力？这让当时身为初中生的我很“分裂”，最后是开明的父母跟我一起选择了要能力。

当年我在英国奥数国家队的队友个个都是数学天才，对数学的痴迷程度和用功程度远远胜过我，但我自信能力不输他们，甚至比他们更强，因为我的思维方式优于他们。

高手秘籍

数学思维的培养靠的是勤于思考，解决“为什么”的问题，它的提分效果短时间内也许不那么明显，但是往往会厚积薄发。所以，有远见的你应该放下功利心，从思考“1加1为什么等于2”开始，启动你的数学思维优化进程。

掌握做题窍门

很多家长和学生向我咨询做数学题的窍门，窍门的确有，但一定要认清哪个窍门对你有帮助，哪个窍门可能是陷阱。

几年前，我在一家省级电视台录制节目时，主持人出了一道据说是小学二年级的数学题，题目给出数字244464，后面是一个括号，问括号里的数字应该是什么？

这道题初看时让人毫无头绪，但是当主持人读出它们的时候，我马上就发现了这组数字的规律——24、44、64，括号里面的数字应该是84。但是，如果主持人不读出声的话，我也许不会马上意识到这一点。

答对了小学二年级的题没有让我现场“丢脸”，但是这件事引发了我的思考。

从小学起就做这样的难题对孩子数学能力的培养是否有帮助？答案是否定的。给小学生出这么难的题容易让孩子进入一个习惯套用公式、简单机械思维的误区，这样做对孩子数学能力的提高并没有什么帮助。

只有教孩子学会举一反三，学会抓住核心点，掌握了这样的“窍门”，对孩子思维习惯的培养才是最好的。

数学的本质是训练思维能力，不是灌输知识。通过学数学，我们可以训练逻辑推理能力、观察能力、分析能力等。

如果小时候过多摄入知识，学习诸多解题技巧，虽然可能在短时间内比别人更容易获得高分，但是从长远发展来讲并非有利。

在长期自学过程中，我发现了一种很有效的数学学习方法，我把它称之为“归纳总结法”，它让我的学习效率猛增，也成为我在英国各种竞赛中脱颖而出的“制胜法宝”。

所谓归纳总结法，就是先研究透典型题型，做到举一反三，因为万变不离其宗，在此基础上再将所有题型进行归纳总结，最后达到把所有数学题型完全掌握的目的。这种学习方法最大的好处是每一种题型只做一两遍，不需要做低效的重复练习。

另外，我还有个百试不爽的应试窍门，就是在参加数学考试或竞赛前，运用数学思维“研究”会考什么和如何应对。

比如，我会研究考试的难度，研究考试会出什么样的题型。有的时候这需要一种数学灵感，就好像去钓鱼，你要能够大致判断出哪片水面下会有鱼，这样就有了灵感、判断和清晰的解题思路，就能做好准备，因而效果特别好。

接下来，我介绍一下自己经常使用的解题小窍门。

在解数学题的过程中，我们可以把题目中的有用条件都标记出来，没有用的条件都划掉，并且每当用掉一个条件，就划掉一个条件，哪个条件还没有被划掉，那么它可能就是突破口。当所有条件都被划掉的时候，题目十有八九就做出来了。

再介绍一个不是窍门的窍门。

不要吝惜你的脑细胞，做数学题不要满足于“我会了”或“我知道答案了”，一定要多思考，不停地转动脑子，并且在做题过程中发现和总结自己的薄弱点，这才是最重要的目的。因为把弱项彻底学懂弄通，才是做题的真正意义所在。

6

文科学习

要用巧劲儿

文科学习其实不用死记硬背

我的语文成绩在小学、初中时很差，尤其是我的作文成绩更不理想，我也因此经常挨爸爸妈妈批评。他们都毕业于大学中文系，从事文字工作，因此对我作文中出现的病句和错别字难以忍受。

但是，多年后，当他们再看到我写的东西时，他们竟对我刮目相看。

妈妈的好友陈子寒先生在看过我大一时做的美国国际大学生数学建模竞赛的文字直播后评价道："振宇的文字生动传神，虽然有些数学方面的内容我不太懂，但完全被他带入那战斗般的激情时刻，感受到那种紧张刺激的氛围，不得不说，振宇的文笔完全不逊于他中文系毕业的父母。"

在他们眼里，小时候不喜欢语文的我终于实现了逆袭。说到语文等文科的学习，可能很多人的第一印象是：它们是需要死记硬背的学科，不像理科只要方法得当就能见效。但我的经历告诉我，未必如此。

知识原本是没有任何界限的，只是被我们人为地划分出了数学、物理、历史、地理等不同的学科。实际上各个学科之间有着千丝万缕的联系，比如，历史之中会有数学、哲学和军事的影子，而环境科学中又有历史、生物的内容。

所以，学理科不能死记硬背。同理，学文科全凭死记硬背效果也不会好。我们要打开思路，打破学科之间的界限，好的理科学习方法和解题方法也同样适用于文科。

乐学结合

我从小就爱好数学，对语文、历史等文科类知识实在不感兴趣，遇到动辄要求写几百字或上千字的作文就更发怵。

虽然我不喜欢写作文，但是我喜欢看故事书和动画片。

于是，妈妈就在家里布置动画片里森林音乐会的场景，邀请毛绒玩具们参加，伴着钢琴名曲，我和妈妈一起表演，别提多开心了。

慢慢地，我又喜欢上了听评书，《三国演义》《杨家将》《岳飞传》《隋唐演义》等不知道听了多少遍，后来又听《笠翁对韵》《论语》《大学》等经典诵读，听得多了，还能熟练背诵部分国学经典。我记得，在一次家长会上，我声情并茂地朗诵了《大学》中的一段，引来家长们的阵阵掌声，这让我心里甭提多自豪了。

小学的时候，老师布置的作文我想写什么就写什么，没想到这竟然得到爸爸妈妈的支持，他们说文以载道，文字是工具，最重要的是表达思想。

上初中时我写的记叙文较少，有感而发的议论文较多，至今还有三篇作文保存了下来，题目分别是《人为什么而活》《物质极限论》《选择》，它们的立意构成了我的人生观的基础。

初中毕业那年，因为要为出国留学做准备，我特意休学在家专攻英语和数学。在这一年中，我学习语文的时间很少，可是中考时语文考了100分（满分120分）。所以语文成绩好不好，功夫不仅仅是在课堂上。

我在英国读了3年高中，没有选修英国文学等人文学科，却阅读了《西方哲学史》等一系列哲学著作。

另外，我养成了记日志的习惯，把自己参加过的有意思的活动或比赛，以及有意思的人一一记录下来。我这样做原本是为了给未来的自己留下少年时代的记忆，没想到这项“工作”竟使我的“笔头”功夫渐长。

上大学时，我参加过由南非举办的国际奥数竞赛和美国国际大学生数学建模竞赛，在竞赛过程中，我利用考试间隙接连做了几场网上文字直播。这些文字直播引起许多数学爱好者的关注，他们称赞我的直播俨然就是一场场“饕餮盛宴”，一些网友还反馈因为看了我的直播而爱上了数学。也许有人不解，为何不专心比赛，却做起了“文字功课”？我的回答是：“多年后，人们也许会忘记这次比赛谁得了金牌、银牌，但是这次直播记录会留在一些人的心底。”事实的确如此，这也许就是学好语文的真正价值所在。

高手秘籍

与死记硬背相比，乐学结合的方法从表面上看与考试无关，费时多、效率低，但是从长远来看，它深入人心，一旦经历了，便终生难忘。所以，有的时候，快就是慢，慢就是快。文科学习一定要克服浮躁之气，把心安下来，用自己喜欢的方式来获得新知，一定要相信最适合你的方法才是最好的。

积累常识法

我再介绍一个非常实用的文科学习方法，那就是积累常识并学会运用常识解决问题。

历史、地理的常识积累很重要，因为文科中运用史地知识的地方非常多。

学历史，要多看课本，只要反复看，很多知识自然就记住了。看历史书要注意的一点是，古今中外历史最好对照着看，也就是说在看的时候要动脑筋，学会将一些内容放在一起比较着看。有时间还要多看些历史课外读物，有助于理解和掌握课本中的知识。

学地理，一定要学会使用地图，通过分析地图来认识地理特征、地理原理和地理成因，要对七大洲和四大洋的知识点了如指掌。有时间要多翻翻关于世界地理和中国地理方面的杂志，以丰富自己的地理知识。

另外，网络也是我们积累知识的重要途径。当我们有了一定的知识储备后，就要学会理论联系实际指导应用。

我举一个关于经济学的例子。央行宣布降息，如果利息降低了，那么借款成本也降低了，这样就会使得更多人选择借款去进行投资和消费，造成经济过热，导致本国货币贬值，推动通货膨胀，带动汇率降低。

这看起来是一个需要经济学基础才能回答的问题，但我们将一个大家都熟知的基本常识，经过一步步推导，最后推出了“刺激经济、通货膨胀、汇率降低”的结论。

高手秘籍

直接用常识解题，其实就是利用已知的常识对未知的内容进行分析，在这样的思考结束后，得出来的结论又将进一步变成你的基本常识，这样学习下去，最终积累的常识就会越来越多。

有据猜测法

如果有了基本常识，我们就可以很快地调动大脑中的知识储备。但是，如果遇到自己从没接触过的内容时，该怎么办呢？

我有一个学习成绩非常优秀的朋友，他给我讲过他经常使用的一个实用技巧——有据猜测法，这个技巧让我受益匪浅。

在高中历史毕业考试时，他遇到了一个让他瞬间蒙掉的题目：19世纪六七十年代，德意志和意大利的统一过程有什么不同？

他跟我讲，对于这道题，他除了知道一个俾斯麦以外，对于其他人物和事件没有任何了解。但是，在冷静下来短暂思考之后，他马上就找到了解决方案。

他的想法是，将这道题与中国秦朝统一六国时的情况相比较来进行分析。

比如，秦朝统一的时候国力是非常强盛的，因此可以得出一个结论：统一之后，国家会非常强盛。然后从人们的传统印象中可以知道，德国人是非常严谨的，而意大利人则比较浪漫，性格温和。于是，他就联想到俾斯麦的铁血政策，然后抓住不同的点来进行阐述。

最后，一道原本知之甚少的历史大题，通过有根据“猜测”的方法，他竟然拿到了满分。他的这种方法不但可以在考试中发挥奇效，在平常的学习中也可以用来帮助自己消化知识。

很多文科学得不好的同学基本上会有一个通病，那就是笔记内容非常杂乱，缺乏逻辑主线，缺少自己对事件的评论和看法。

这里我再拿历史学习举一个例子。有一句名言叫作“历史总是惊人的相似”。

比如，曾经征服大半个世界的拿破仑和在“二战”中给诸多国家和人民带来不幸的希特勒，都曾采用过控制言论自由和过度宣传的政治手段。虽然他们有着本质的不同，而且时间相隔了100多年，但是从一个独裁者治理国家的角度来说，其实这是完全一样的。

如果我们以一条清晰的逻辑主线来整理历史笔记的话，就可以从中发现很多历史事件之间有着令人深思的必然联系。

高手秘籍

虽然文科给人的印象是需要死记硬背，但其内在的逻辑性、推理性丝毫不输于数学。所以，我们完全可以用逻辑推理的学习方法来代替死记硬背。

自信表达法

在英语学习中，想说一口流利的英语必须掌握3个要点。

第一个要点是自信

无论自己说的英语是对的还是错的，都要勇敢地说出来。如果说的时候总是犹犹豫豫，先考虑要说的句子有没有单复数的错误、时态用得准不准，每说一句话就要停顿好久，那么即使说得对，别人也会觉得你的英语很差，对你的表达失去耐心。

雷军在推广小米产品时所做的英文演讲视频一度被网友吐槽，因为他说起英语来有一股浓郁的中式发音，听起来非常搞笑。

后来我把这段视频转给我的一位英国朋友看，他却跟我说，他觉得雷军的英语说得还不错，虽然发音不标准，语法也不地道，但是对他这种母语是英语的受众来说，听懂是完全没有问题的。他还说，雷军在说英语时有一种强烈的自信和表达欲，所以听起来反而比那些虽然英语水平高但交流时很胆怯的人说的英语要舒服得多。由此可见，自信和勇于表达有多么重要。

第二个要点是口语中多用简单的单词和句式

统计表明，最常用的3000个英语单词的使用频率高达95%。所以，一个人只要掌握3000个左右的单词，就完全可以自如地和老外交流了。

我们完全没有必要在口语中使用那些感觉很“高大上”的单词，因为外国人平时也不会这么说话，一些生僻的词就算用对了，对方也会觉得很不自然。更何况越生僻的单词越难用得地道。就像knowledge这个单词一样，虽然你在使用时觉得在中文语境下没有问题，但是英语中没有这种用法。

关于句型也是同样的道理，我们不妨换位思考一下。当我们衡量一个外国人中文说得地道不地道的时候，我们的标准往往是看他意思表达是否准确，而不是他这句话有没有用到复杂的句式。

第三个要点是语速尽量快

说英语其实跟平时说话一样，哪怕偶尔犯了一个语法错误，别人很难察觉，即使有所察觉也已经被接下来说的内容一带而过了。

更重要的一点是，中文有一个特性是简洁明了，同样一句话用中文写出来，也许只需要短短两行，但如果用英文翻译出来就要很长一大段。语言的差异就会导致语速的差异，中国人说英语时语速往往会比外国人慢很多，所以提高语速能让自己的英语口语变得地道很多。

高手秘籍

要想提高英语口语能力，核心是练，光看语法书、默记单词是远远不够的，还要练习说。按照以上三点提示练习并且运用得多了，你的口语表达能力在不知不觉间自然就变强了。

7

考试技巧

技巧也能决定成败

无论学得好不好，考试都有技巧

要想取得好成绩，不仅要高效学习，还要知道如何应对考试。

总会有这么一类人，他们平时学习成绩一般，实力并没有你强，但考试成绩却总是比你好。这一现实可能会让你怀疑人生，觉得世界太不公平了。

其实，一分本领就会换来一分回报，那些考得比你好的人，可能拥有一项你所不具备的能力——考试技巧。

我在英国读书的第一年，为了入选英国奥数国家队，投入了大量时间和精力在数学学习上，自认为能力已经远远超过周围的其他同学。但是，由于我太在乎成绩，再加上那时候年龄太小（只有15岁），心智不够成熟，导致在选拔赛的第三轮被淘汰了。

那次在考场上的情形，我现在仍记忆犹新。当时，我被第一道题卡住了，怎么都找不到解题思路。

其实这再正常不过了，我之前在做练习的时候也经常遇到这种情况。只要专心思考、厘清思路，这种程度的题是难不住我的。

但是那天，我无论如何都控制不住自己的情绪，大脑中各种各样的念头此起彼伏："如果这次考砸了怎么办？""我该怎么跟家长、老师交代？""如果同学问我考得怎么样，我该怎么回答？"这些念头令我更加慌张，精神无法集中。

就这样，4个半小时的考试，我竟只做出了一道题。从这次惨痛的失败经历中，我终于意识到，光有实力是不够的，还要在考试中调整好自己的心态，使自己可以正常发挥。于是在平时的练习中，我不断进行模拟考试训练，摸索考试技巧。

在两年后的选拔赛中，我超水平发挥，被选入英国奥数国家队。教练和队友都知道，我的实力其实并不是最强的，但我在考试中总是表现得特别好。当我告诉他们我的考试技巧后，他们才恍然大悟。

在这里，我毫无保留地跟大家分享我的考试心得，以及如何才能在考试中做到超水平发挥。

考前调整状态法

我的经验是，在重要考试之前，一定要调整好自己的身体状态，让自己得到充分的休息，使大脑保持清醒。

接下来，我将结合考前不同阶段容易出现的问题，给大家提些建议。

调整考前的学习状态

如果考前的学习状态不好，一直处在低效学习状态，那么考试的时候就根本无法达到高度集中、高度兴奋的巅峰状态。

在这里，我想着重强调一下，高效学习在考前尤为重要。多年的考试经验告诉我，考前你的学习状态是怎样的，那么考试时你的答题状态就是怎样的。

关于高效学习，前面已经讲过很多种方法。在这里，我再给大家介绍一个改善考前学习状态的好方法，那就是把历年真题当作模拟考试进行练习，而且一定要严格按照考试的规定时间来计时，其间不允许翻书和翻笔记，以此制造紧张感。

这样做有两个好处。

一是在真正考试的时候，就会很清楚自己应该在哪些部分多花时间、哪些部分少花时间，不至于时间分配得不够合理。

二是可以更好地了解考试题目的难度。这一点尤为关键。

我举一个例子，有一次，妈妈让我帮同事家孩子辅导一道几何题，我想当然地认为这是道难题，于是运用各种高难度的定理求解。结果1小时过去了，我还没有丝毫进展。

这时候，妈妈无意中说："现在的初中题都这么难吗？"我一听，原来是一道初中几何题，于是立刻转换思路，用初中知识范围内的常见解题方法求解，很快就做出来了。

要想拧动螺丝，得找到合适的螺丝刀才行。做题也是这样，难题用简单的解题方法解不出来，简单题用解难题的思维定式也不行，因为这样反而容易钻牛角尖，把自己绕进去。

历年真题做得多了，知道了每种题型的难易程度，我们就可以很精准地定位解题方法。这种训练方法也成为后来我在选拔赛中超水平发挥的主要原因。

在做每一道题时，通过判断题目的难度，我会判断需要用什么样的技巧来解这道题。

如果本来是道难题，而我很轻松地就做出来了，答案多半是错的；反过来，如果我用了很多解题技巧还是没有解出来，则说明我的思路可能是错的，需要换一个角度来思考。

考试的前一晚必须保证睡眠质量

很多学生会有考前焦虑的情况，我也不例外，常常会在很重要的考试的前一天晚上紧张焦虑，睡不着觉。针对这个问题，我给大家介绍一个很有效的方法：在考试前几天的晚上尽量少睡一会儿，这样在考试的前一天晚上会更容易入睡，从而保证考试当天的好状态。方法虽然“简单粗暴”，但是非常有效。

考前两小时让大脑“热身”

做题也讲究感觉，长时间不做题会导致没感觉，有感觉和没感觉带来的考试结果是完全不一样的。

我习惯在考前两小时做一些题或者快速翻阅一些试卷，让自己的大脑活跃起来，然后洗一个热水澡，喝一杯咖啡，让大脑进入“战斗”状态。

这种方式不仅适用于考试，也适用于平时学习。

高手秘籍

调整考前状态，这不是一件很难做到的事，但很多同学容易忽略它的重要性，认为考前把宝贵的时间用在休息上似乎很不明智。其实恰恰相反，清醒的头脑不但会让你的效率变得更高，答题速度变得更快，还有助于你集中注意力，减少因为粗心而导致的错误。所以，虽然看似少了一些复习时间，但实际效果往往比长时间复习所带来的效果好得多。

考场应对危机法

考试时难免会出现焦虑、麻木、“溜号”、马虎等情况，我给大家推荐几种调整状态的方法。

去卫生间洗把脸清醒一下

考试前去卫生间洗把脸可以暂时摆脱考场的压抑感，用这种方式缓解焦虑、放空大脑再好不过了。

有趣的是，我在国际奥数竞赛上还因为这个方法闹过一个小笑话。

那次考试的答卷时间一共是4个半小时，当时我卡在了一道题上，整整卡了3小时。每当需要换一个思路时，我便去一趟卫生间自我调整一下。后来，监考老师觉得我去卫生间的次数太过频繁，不太对劲儿，就问我是身体不舒服，还是去卫生间作弊了？听完我的解释之后，他表示非常理解，甚至还跟我说，可以去外面他能看见的草地上溜达，不一定非得去洗手间。

在考场上某道题做不出来很正常，跳过去先做下一道题就好，但是如果上一道题没做出来的挫败感调整不过来，那很可能后面的题会接连受到影响，导致情绪失控。

及时调整、放空自己是最有效的调整方法，比如，改变一下做题的顺序，从后面的题中挑一道自己有把握的题先做，这些都是调整状态的好方法。

规划做题时间

规划做题时间，除了可以放松大脑之外，更重要的是可以让自己摆脱在考场上的麻木、懈怠状态，时刻意识到时间在流逝，而不至于在一道题上耗费过多时间。

通常情况下，我会戴一块手表进入考场，设定做每道题准备花费的时间，做题时带着目标感跟时间竞赛，更能把自己的潜能激发出来。对我来说，这样做的效果特别好。

控制大脑，避免考试“溜号”

相信很多学生都有过这样的考试经历：初读一遍题目，不知道该怎么做，于是不知所措地盯着题目一遍又一遍地看，当回过神来时才发现时间已经过了好几分钟，而自己尚未进行有效思考；写作文时，写着写着，平时生活中的某个情景，甚至是某首歌开始在大脑中循环起来。

这种考试“溜号”情况会严重影响考试状态。

这种时候，我们需要马上意识到自己的状态是不对的，并快速地进行自我调整，将精力集中到试卷上。

但是说起来容易，做起来难，因为当我们“溜号”的时候，是意识不到自己正在“溜号”的。

所以，平常应多进行模拟考试训练，学会自我调整，尤其是学会控制自己的大脑和行为，强化自身心智的锻炼，这是以不变应万变的根本。

高度集中注意力，避免出现考试马虎问题

考试的时候总马虎是令不少学生颇感头痛的问题，他们经常在一些能够做对的题上犯错误，究其原因，

主要是对熟悉的题目产生轻视心理、造成注意力分散所致。所以，考试时要不断地给自己一些心理暗示：题目没有难易之分，只有重视与不重视的区别。这样才能对任何题目都打起百分之百的精神，全力解答。

不过，有时候马虎不是因为态度不认真，而是基础知识不扎实。

对此，大多数人的解决方法是将平时易错的题多做几遍，这样做虽然在一定程度上有效果，但是时间性价比较低，往往还治标不治本。

比如，一道一元二次方程题，虽然知道该怎样去算，却总是出错，这说明你对配平方法这个概念并未掌握透彻。

你不断地重复做一元二次方程题，虽然可以让大脑机械地记住这类题如何做，但是并没有从根本上解决存在的问题，以后问题还会暴露出来，学习越深入可能越难找出原因。

所以，克服马虎的最好办法是考试后根据发现的问题回过头来复习基本概念，追根溯源，让每一个知识点都学得扎实。

缓解考场焦虑的小妙招

在考试过程中，每个人都或多或少地会感到焦虑。研究发现，小口喝水有助于缓解焦虑，通过短暂分散注意力，将思绪暂时从考试中脱离出来，随后便可以拥有更好的表现。

可见，即使是在分秒必争的考场上，用某种简单方式放松自己，缓解一下压力也是极其必要的。你不妨在考试中试验一下。

优化答题习惯

好的答题习惯往往决定着学生考试的成绩，因此养成良好的答题习惯很有必要。根据我的经验，可以从3个方面着手。

做题时先易后难，保持稳定的考试心态

在考试中，没有什么比做不出题来更让人崩溃的了。为了避免这样的情况，我们可以在做题时先把难题全部跳过，把简单题的分数收入囊中，以获得良好的做题感觉和心态。没有了后顾之忧，我们就可以全身心地投入解答难题之中了。

其实，人的大脑跟机器一样，也需要预热，所以先做自己会做的题，等感觉上来后，难题也就更容易解出来了。

善用演算草稿纸

在做数学题的时候，有些人的思路会特别清晰，计算时也不会犯错，其实很大一部分原因是他们在演算或者解题时对每个步骤都了然于胸。

我经常跟学生强调，考试答题时千万不要吝惜草稿纸，因为草稿纸上会呈现出你做这道题时的全部思路，如果写得杂乱无章，那么很容易出现逻辑漏洞或是计算失误，并且难以发现和改正。

我就在这上面吃过两次亏，至今印象特别深刻。

第一次是计算一道乘法题，是两个比较大的数字相乘，当时草稿纸上还有一小块空白，于是我就没有换草稿纸，由于地方不够大，我便简化了一下步骤，结果出现了一个计算失误，导致整道题算错了。回过头来反思，如果当时没有吝惜草稿纸的话，这种错误是完全可以避免的。

第二次是演算时写得东一块西一块，非常凌乱。我当时觉得，反正最后能算出来，草稿纸乱一点儿没有关系。后来检查的时候，我才发现自己在做题时犯了一个错误，但是因为演算过程写得太乱，根本找不出来之前算的每一步具体数值和思路是什么，只好重新算一遍，白白浪费了10多分钟，并且没有办法跟之前的答案做对比检查。

看清楚题目问的是什么

看清楚题目问的是什么，这一点非常重要。比如，要看清楚题目问的是正确的选项还是不正确的选项。如果不集中注意力审题，一不留神就会答错，这样的扣分是最让人感到冤枉的。

技巧1：关于审题，最好的方法就是画出重点词，即读题的时候，每遇到题目中给出的一个条件就用笔圈出来，最后题目中求什么也要准确地画出来。

技巧2：解题时，每次用过题目中所给出的一个条件，就在题目中用一个符号标出这个条件已经被用过了。这样做的好处是，因为题目中给出的条件大多是有用的（当然出题时也会设置干扰条件），如果某个条件还没有被用到，那么这道题可能就解不出来。这时候我们就要不断地思考，可以用什么样的方法把这个没有用到的条件用起来。这也是我常用的一个技巧。当碰到不会做的题目时，我会借助题目中所给的条件，来推测这道题可以怎样解出来。

高手秘籍

很多同学实力并不差，但因为考试时答题习惯不好而影响实力的发挥，这是非常令人遗憾的。其实，我们只要按照有效方法在习惯上做出些许改变，就会受益良多。

8

增强记忆

学会记忆，事半功倍

记忆力是可以后天培养的

小的时候，我的记忆力特别差。上初中时，我曾一度被同学们公认为班里记忆力最差的学生。

每当老师要求背诵语文课文，所有人都背下来了，只有我迟迟背不下来。老师为此总找我的家长，说我叛逆，学习态度有问题，不愿意背诵课文。我当时觉得特别委屈，因为我确实认认真真地背了，但就是怎么背也背不下来。

学数学时我也遇到过这种情况，一度总是记不住公式。不过，对于学数学我还是有一些方法的，如果记不住公式，我就记住它的推导过程。因为数学公式的推导过程还是比较好记的，你只要记住它的方法就行了。所以，遇到忘记数学公式的时候，我就按照推导过程自己推导一遍。

背英语单词的时候，我也在不断寻找各种各样的方法，让自己背得更快一些。渐渐地，我认识到，记忆力不够好，是因为没有找到适合自己的记忆方法。

到了剑桥大学之后，我向周围的同学学习，并尝试了一些科学的记忆方法，结果发现非常有效，于是我就更加自信了，即便是我这样记忆力差的学生，一旦找到正确的方法，也能够轻松地把圆周率背到小数点之后100多位数字。

所以说，记忆力是可以后天培养的，只要方法对了，就可以提高得非常快。

为什么有的人记东西很费劲呢？我认为有两个原因。

一是因为平时用脑不多，大脑不够活跃。

如果你每天做的都是重复性工作，或者是重复性思考，没有创意，没有挑战，更没有深度，那么你就无法把大脑调整到巅峰状态。

二是因为你的记忆方法有问题。

如果你觉得自己的记忆力差，首先要转变自卑的观念。记不住其实是一件很正常的事情，没有人可以做到过目不忘。

所谓的过目不忘只出现在电影或者小说里。就算英语天赋再高的人，也不可能看一遍单词就全部记住；数学能力再强的人，也不可能只做一道题就完全掌握这类题型。

所以，我们需要先把观念转变过来，知道自己看过一遍的内容可能会忘记，需要通过科学记忆方法才能掌握牢固，然后去选择适合自己的科学记忆方法。

记忆宫殿法

总有学生跟我抱怨自己脑子不好，记不住东西。关于记忆力的训练，我想给大家介绍一种方法。

在进入剑桥大学前，我就听说剑桥大学有一个“神人”，他是世界记忆锦标赛青年组的纪录保持者。一档很火的电视节目《最强大脑》都邀请他去参与录制，据说他1小时可以记下上千个随机数字、十几副扑克牌的牌序。

开学之后，我们都想见识一下他的超能力，于是组织了一场饭局，让他当场记下我们十几个人的电话号码。他盯着十几个人的电话号码大约记了15分钟后就说记住了。为了增加难度，我们还特意要求他等吃完饭后再背出来。

毫无悬念，饭后他背出了所有人的电话号码。更让人不可思议的是，过了几个月，当我们再次提起这件事情的时候，他仍然能清楚地记得那些电话号码。虽然早就听说他可以做到这些事情，但亲眼见证后还是觉得不可思议。

他到底是怎样做到的呢？他解释说，其实这并不是什么超能力，每个人通过专门的训练都可以做到。

他告诉我们，他是通过视觉记忆加记忆宫殿的方法记住这些电话号码的。

首先，把抽象的数字联想成具体的物体，然后按顺序把它们放在不同的地方。

比如，把一串数字分成两个、两个的数组，然后把它们联想成不同的物体。把0和0想象成两个蛋，把1和2想象成婴儿，把15想象成鹦鹉等，然后把这些东西放在记忆宫殿里。

当回忆这些数字的时候，就可以想象自己刚到家，门把手上挂着袋子，里面有两只鸡蛋，门口鞋柜上有一只鹦鹉，房间里有一辆婴儿车，车上有一个婴儿，旁边沙发上有把扇子，爸爸坐在沙发旁边的凳子上，餐桌上有石榴（见下图）……

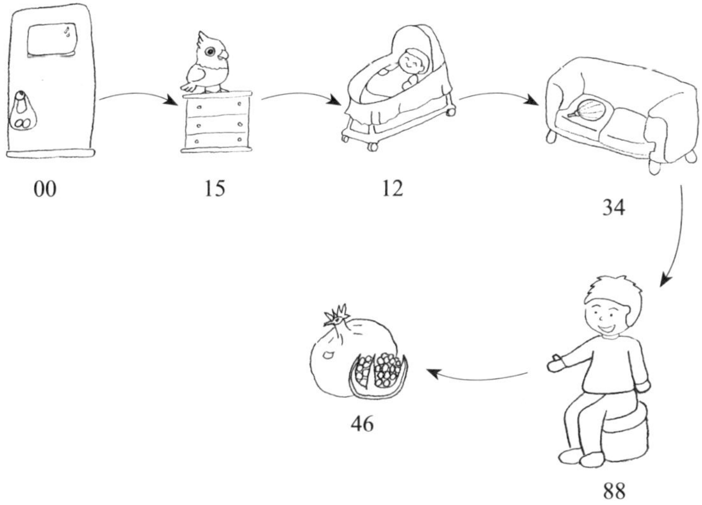

记忆宫殿法

后来，我进一步了解到，“记忆宫殿”其实只是一种比喻，它可以用来代表任何我们熟悉的、能够很容易就想起来的地方，可以是家，也可以是学校，甚至是自己常去的游乐场。

当需要记忆的东西太多时，我们就可以把大脑想象成某个“宫殿”，把需要记忆的内容联想成某种特别之物，放在这个“宫殿”相应的地方，记忆的过程其实就是按一定路线在“宫殿”里巡视这些特别之物的过程。

这位同学还说，他的大脑里共设计了10个“宫殿”，每个“宫殿”里设有1000个位置，所以他的脑容量有1万个数字符。他在比赛的时候，每天都要用满1万个字符，也就是说他的大脑内存达到了饱和状态。当内存存满之后，他就会想象有一把大火把记忆“宫殿”烧毁了，东西也就清空了。

听完介绍后，我对这种记忆方法非常感兴趣，在经过一段时间的摸索之后，我发现自己也可以背出圆周率小数点后100多位数字。

虽然我们平时不一定需要记住很多的数字，不过这可以算是锻炼大脑的一种绝佳方式。因为不断进行记忆训练，我这位同学的大脑运转速度明显比别人快很多。

当然，除了记数字，我们也可以用这种联想法记单词、古诗词，以及历史事件的发生时间等。怎样合理地运用这种记忆方法来帮助我们更轻松地学习，那就要靠你自己摸索了。

最后我想说，永远不要觉得开发智力的训练只是属于儿童阶段的事情，锻炼大脑、提升智能可以随时随地进行，而且什么时候都不晚。

语境记忆法

在21世纪，英语几乎成了一门必须掌握的语言技能。

在学习英语过程中最重要、也最痛苦的事情莫过于背单词了。我们需要记忆很多单词，而且这些单词的词义往往还不止一个，它们适用于不同的语境，想想就让人头大。那么，有什么方法可以帮助我们轻松背单词吗？

我认为最有效的方法就是在语境中背单词。比如，当读一本英文小说或者看一部美剧时，我们可以一边欣赏剧情，一边背单词，并且认真学习单词的用法。

这么做的好处有以下两个。

在语境中学习，可以让你对这个单词的用法理解得更深刻

比如，knowledge的意思是知识，按照中文的语言习惯，我们经常会说学习知识，但如果用英文说成learn knowledge或者study knowledge，那就大错特错了，因为在英文中根本没有这种用法。knowledge这个单词只能固定搭配一些特定的动词，比如，gain knowledge。

记一个单词，光记住它的意思是远远不够的，我们还需要知道它在具体语境中该怎样运用。

如果通过看英文电影学习单词，那么你对这个单词在语境中的用法就会理解得更透彻。

最难得的是这样记单词更容易深入大脑，成为你熟知的日常用语，而不只是你单词表里背过的一个单词。

如果再遇到与电影中出现那个单词时的相似情境，你会惊喜地发现自己会脱口而出，而且用得非常地道。

在语境中学习，可以让你记得更牢固

在剑桥大学遇见那位同学之前，我一直以为这种

记忆的超能力只会出现在电视节目里，现实生活中根本不可能存在。后来，我才知道通过训练可以培养这种能力。

这种记忆方法的本质就是把抽象事物附着于实际的事物上来加强记忆。如果不赋予它们一些意义，要记下这么多抽象的数字，是不太可能的。

其实记单词也是这样的，在语境中记单词，我们的大脑就会自动地把单词附着于语境上。所以，只要记住出现这个单词时的语境，我们就可以轻松记住这个单词了。

我们的大脑记住某个具体情境的能力远远高于记住某些抽象事物的能力，这也是为什么我们在语境中记单词比直接看单词表记单词效率要高的原因。

记得我上初中时看电影《生化危机》，学到了病毒这个单词virus，它在第一次出现后我就牢牢地记住了。因为每当见到或者要用到“病毒”这个单词的时候，我的脑海里就会浮现出电影里面女主角的台词。

相反，如果只通过单词表去记忆，哪怕记忆力再好，也会慢慢有一种看所有单词都似曾相识的错觉，这样做连记住准确的意思都困难，更别说用得准确了。

高手秘籍

在语境中学习英语其实不用拘泥于形式。在高中时我特别迷恋一款叫作“文明”的单机游戏，还特意下载了英文版本，这样在玩乐的同时对其中政治、军事、历史、文化类等单词也烂熟于心。

曲线记忆法

“记忆”这两个字特别形象，它告诉我们想要牢牢地记住一件事情，不但要有记的过程，还要时常回忆。

很多同学都有记不住学习内容的烦恼。其实记不住很正常，遗忘是我们大脑工作时出现的一个必然现象，没有人能保证学一遍就永远记住。我们要转变观念，知道自己可能会忘记，所以需要不断地复习。

在这里，我给大家介绍一种利用大脑遗忘曲线科学复习的方法。

遗忘曲线是德国著名心理学家艾宾浩斯为研究记忆的保持规律而绘制的一条曲线。如果我们对这一规律加以利用，则可以大大提升记忆效果。

这条曲线告诉我们，先学习到的知识首先以很快的速度被遗忘，然后会缓慢下来。而已经长时间记住的东西，则很难被彻底遗忘。

一般情况下是这样的：当你记忆某个知识点，20分钟之后会遗忘42%的内容；1小时之后会遗忘56%的内容；24小时之后会遗忘67%的内容；1周之后会遗忘75%的内容。

在刚记完单词后的一段时间里，你的复习频率可以高一些，然后慢慢放缓频率，这样的效果比每天复习一遍要强好几倍。

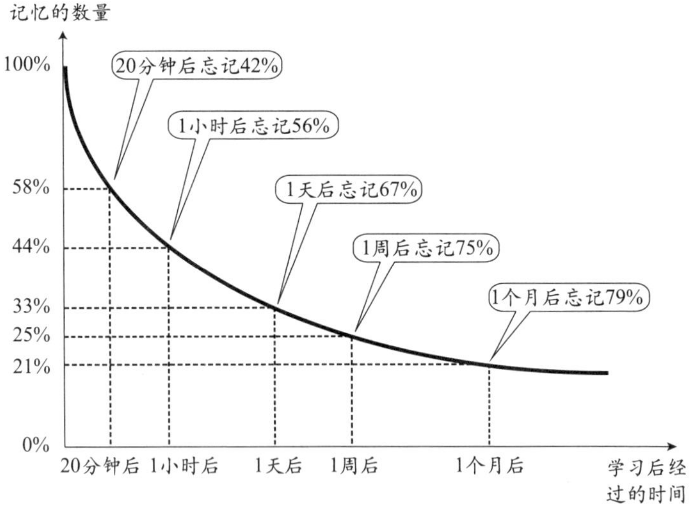

艾宾浩斯遗忘曲线

最理想的复习方式是在下面这几个周期里进行：20分钟、1小时、1天、1周和1个月，这样可以最大限度地提高记忆的效果。

9

提高智商

你也可以拥有超强大脑

智商可以后天提高

世界上确实有些人生下来就比别人聪明。比如，被称为“欧洲数学王子”的大数学家高斯，他在19岁那年就解决了千古数学难题；陶哲轩被称为“当代智商最高的人”，7岁时就在自学微积分了。

我常被家长们问：“你是不是一个天才？不然怎么能考上剑桥大学？”“你的智商是不是特别高？你的成功经验在我家孩子身上是没法复制的，因为我家孩子的天赋没有你那么好。”

事实是怎样的呢？我在上小学的时候并不聪明，当时，我和同学一起参加华罗庚金杯数学邀请赛和希望杯数学竞赛，有的同学获得金牌、有的同学获得银牌，而我连一块铜牌都没获得过。

在从小学升初中的时候，我像很多同学一样拼命学奥数，希望能考上一所好学校，可是我的数学成绩并不理想；进了初中后，我不仅数学成绩一直处于班上的中下游，还经常被各科老师批评。我至今还记得，有一次老师生气地对我说：“你这样下去连高中都考不上！”

经历了小学阶段和初中阶段的一次次打击后，我越发怀疑自己的智商。为了提高智商，我找了很多方法进行训练。

幸运的是，我在高中阶段成功地突破了自我，战胜了一个又一个被称为“数学天才”的同学，连续两年入选英国奥数国家队，征战国际数学奥林匹克竞赛，斩获奖牌，也因此被剑桥大学数学系录取。

谁都希望自己天生有个聪明脑袋，但事实上只有极少数人才拥有极高的智商。既然我们没有办法改变自己的“出厂设定”，那么智商可不可以后天提高呢?

我认为是可以的，至少我的经历证明智商是可以后天得到提高的。无论是逻辑思维能力，还是大脑的运转速度，在经过特殊训练后，都有可能获得显著提升。

所以，如果你还在抱怨自己不够聪明，不妨先摒弃自卑，运用科学方法让头脑转起来。

做智商训练，无论何时开始都不晚。下面我就跟大家分享一下我从“丑小鸭”变成“白天鹅”的经历，以及提高智商的有效方法。

潜移默化法

我从小主意就特别正，想做的事一定要做到。上小学时，我发现一些聪明的孩子在学知识时总是一学就会，我特别羡慕，也想成为像他们那样的人。所以，我有意识地寻找各种能让自己变聪明的办法。

有人说下棋可以提高智商，我就让妈妈给我报名上国际象棋学校；有人说玩魔方的人聪明，我就让妈妈给我买了一个魔方，自己在家研究。慢慢地，我下棋下得越来越好了，先后获得过全市第四名、全省第八名、全国第三十名的成绩；我玩魔方也越来越溜，常常周围人没看明白呢，我就已大功告成。

但我最终还是非常失望，因为我的各科学习成绩并没有提高，这让我一度觉得人的智商是没有办法在后天得到提升的。

直到上初中我开始学习几何的时候，我才发现自己过去学国际象棋和玩魔方的经验都派上了用场。

几何中有一个特性，那就是条件特别多，并且是比较直观地通过图形来表达的，这跟国际象棋非常类似。国际象棋也是比较直观的，每个棋子在不同的位置发挥不同的作用，就像几何图形中的圆、直线、中点、角平分线，在不同位置发挥不同的作用。

下国际象棋的目的是“将”死对手，而做几何题是找到隐藏的答案。因为突然发现这些“玄机”，我一下子从数学成绩平平的学生变成了几何学习高手。

如下页图一所示，国际象棋棋盘是个正方形，由纵、横各8格，颜色一深一浅交错排列的64个小方格组成。深色格称黑格，浅色格称白格。横排分别被标记为a、b、c、d、e、f、g、h，竖排分别被标记为1、2、3、4、5、6、7、8。因此棋盘的每一个格子都有其专属的标记方式，从a1到h8与64个格子一一对应（如下页图二所示）。这样的标记方式与数学中的平面直角坐标系（如下页图三所示）如出一辙。

a b c d e f g h
8 7 6 5 4 3 2 1

图一

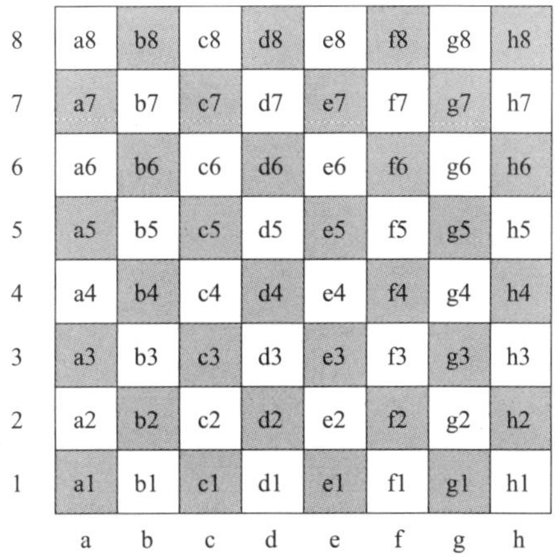
a8 b8 c8 d8 e8 f8 g8 h8
a7 b7 c7 d7 e7 f7 g7 h7
a6 b6 c6 d6 e6 f6 g6 h6
a5 b5 c5 d5 e5 f5 g5 h5
a4 b4 c4 d4 e4 f4 g4 h4
a3 b3 c3 d3 e3 f3 g3 h3
a2 b2 c2 d2 e2 f2 g2 h2
a1 b1 c1 d1 e1 f1 g1 h1
a b c d e f g h
8 7 6 5 4 3 2 1

图二

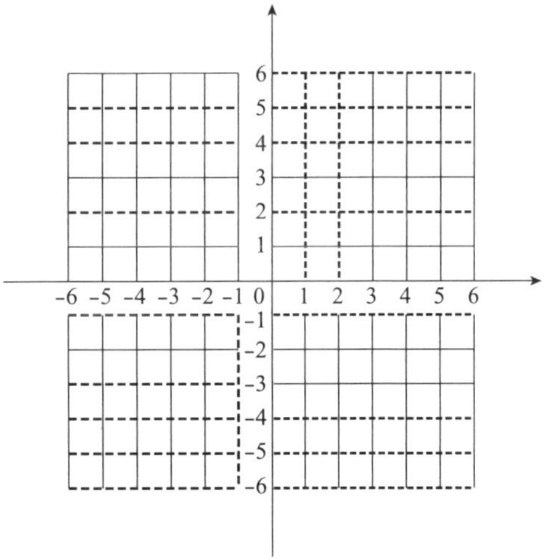
-6 -5 -4 -3 -2 -1 0 1 2 3 4 5 6
6 5 4 3 2 1 -1 -2 -3 -4 -5 -6

图三

我们不妨从平面几何的角度来研究一下国际象棋。

如果把国际象棋看作抓国王的游戏，或者是考验计算能力和战术组合水平的测试，我们是不是可以从另外一个角度——谁能控制棋盘上更大区域来考虑问题？

棋盘有64格，我们以每个格子的中心作为平面坐标上的点，以e4格为平面坐标原点O（0，0），是不是很多问题可以用几何计算来解决？答案是肯定的。

我们还可以在棋盘上画简单的几何图形。

棋盘实际上就是一个8×8的正方形，我们可在中心画一个圆，更准确地说，画一个半径为$\sqrt{5}$的圆。

这样就会发现，“马”的控制范围居然是这个圆上的4段圆弧（圆心角是多少，请用余弦定理求得）。

再看看“皇后”，控制范围是以自身位置为中心，相邻45°角的8条射线（然而受到正方形棋盘的边界限制）。

“象”可以看作直角三角形的两条直角边。

再看看“马”和“皇后”的优势配合。

当白棋“马”和“皇后”无限接近的时候，“马”控制的圆弧和“皇后”控制的8条射线基本控制了整个圆的面积；而且“马”和“皇后”的控制图形还会在多个点上相交（相交即意味着“马”和“皇后”之间的相互保护，也就是配合的一部分）。

在意识到国际象棋和几何的这些关联之后，我第一次感受到了中国那句老话“十年磨一剑”的含义。我过去所做的努力看似没有什么非常明显的作用，事实上已经潜移默化地影响了我的未来。

国际象棋就是一个建立在平面直角坐标系之上的数学演绎推理问题。难怪几乎在每一本奥林匹克数学习题集、智力游戏和趣味数学的书中，都可以找到与国际象棋棋盘和棋子有关的难题；难怪一些大数学家同时也是国际象棋高手。

当学到立体几何的时候，我又惊喜地发现小时候玩的魔方没有白玩，别人想象不出来的那些复杂立体图形，对于玩惯了魔方的我来说却是“小菜一碟”，一下子都能在我脑海中浮现出来，这让我对提高智商更是信心爆棚。

后来，我在参加英国奥数国家队集训时，发现大多数队友都是国际象棋高手，有的甚至是国际象棋国家队成员。由此可见，棋类对于提高智商有很大的促进作用。

在剑桥大学，很多真正学习好的人并不是只懂学习，他们在业余生活中都有各种各样有趣的、能提升自我的兴趣爱好。

高手秘籍

找到有助于提高智商的兴趣爱好。我认为，凡是有意思的、有意义的、能让你主动进行思考的兴趣爱好一定会对提高智商有帮助。它们也许不会一下子对你有多大的帮助，但会长远地影响你。

坚信付出必有收获。在尝试让自己变得更聪明的过程中，我曾一度因为没有看到显著效果而想放弃正在做的事情。事实证明，这就像盖一座摩天大楼，如果没有把地基打牢，看似建得很快，但越往后就会越艰难、越危险。如果基础打得好，就会厚积薄发，后劲十足，最终轻松赶超别人。所以，坚信和坚持是取得一切成功的基石。

思维训练法

上了高中之后，我在数学上的天赋显现出来，数学学得越来越好，我就更愿意通过自学数学来寻找成就感，如此形成正向循环。

随着不断深入学习，学习内容变得越来越抽象、越来越难，我也越来越力不从心，往往一段文字要花一下午时间才能理解，感觉自己遇到了瓶颈。

这个时候，一般人可能会认为是因为自己的知识基础不牢导致的，会回过头去巩固知识基础。但我认为，如果同样在没有知识基础的情况下，让一个大学生和一个初中生同时学习一个新知识，肯定是大学生学得更快一些，因为他的理解力更强，可以站在更高的视角理解新知识，会对初中生形成降维打击。所以，我当时的想法有点儿“反其道而行之”，那就是自学更深、更难的数学知识，让自己得以运用更高明的数学思维来突破瓶颈。

那时候，我觉得逻辑思维能力至关重要。于是，我开始攻关大学数学系本科阶段的传统高数课《数理逻辑》。

不过，一下子接触这么高深的理论，一开始必然是举步维艰，每个定义、每个定理我都要读上几十遍，反复思考才能参透它的含义。我常常是花上整整一周时间，才理解四五页的内容。

虽然内容并没有看多少，也不保证自己理解的都是正确的，但是我在进行着深度思考，我的每一个脑细胞都被有效地利用了起来，这是前所未有的感觉。

我发现，自己在上小学时看似每天花了很多时间在学习数学，但其实并没有真正地在学习。因为对于已经会做的题，我会机械地做出来；而对于那些不会做的题，我看了5秒钟就放弃了，转头去找答案。连5秒钟的思考时间都没有，又怎么能算是真正地在学习呢？

数学是一门需要深度思考的学科，而我过去学数学的过程中一点儿思考都没有，也就意味着没有实质的提高。

当我学完《数理逻辑》这门课的前几章，慢慢习惯思考问题之后，我能清晰地感受到大脑总在高速运转，感受到自己的思维能力和理解能力也在不断提高。当我凭借着更强大的逻辑思维能力去应对之前遇到的难题时，我感觉所有问题都可以迎刃而解了。

数理逻辑在一定程度上很像哲学，这使我对哲学产生了兴趣。于是我又捧起了罗素的《西方哲学史》等一系列哲学著作精读起来。

《数理逻辑》这门课很好地训练了我的逻辑思维能力，研读哲学则锻炼了我的思维能力，我的智商开始有了明显飞跃，这为我高中阶段的蜕变打下了良好的基础。

当然，适合每个人的学习方法并不相同。

比如，我的一位剑桥同学为了训练自己的理科思维，高中时阅读了大量物理科普书籍，如霍金的《时间简史》《大设计》和狄拉克的《量子力学原理》等。

而我的另一位同学从小就对“三国”非常着迷，通过查找资料，从各方面分析研究历史。到了高中，他在历史、政治、地理学科方面如鱼得水，最后轻松考取了高考文科状元。

高手秘籍

开展高能思维训练。找到一个能促进思维开发的载体或途径，不断地进行自我训练，使自己在平时学习和工作中拥有一个更广阔的思考视角。

学会思考。无论是在学习中还是在生活中，应勤于思考，多问几个“为什么”。思考会让你的脑子越转越快、越转越灵活。人的大脑永远不会因为思考而觉得太累，相反会因为思考而变得更灵活。

小目标学习法

专家认为，普通人的大脑只被使用了10%。每个人的大脑都有着极大的提升空间与潜力，如果进行训练，可以使得大脑运转的速度更快。

那么，我们怎样锻炼自己的脑力？我介绍一种简单有效的方法——小目标学习法，即通过制定一个又一个小目标，来鞭策自己做短时间、高强度的脑力训练。这个方法听起来好像没有什么特别的，不就是制定目标吗？但不要小瞧了这个方法，它的作用和效果往往好得出人意料。

在制定小目标时要注意以下两点。

制定目标一定要有时间期限

没有时间限制的目标是没有任何意义的。

比如，我要考班级第一，我要读完这本书，我要打扫房间等，这些只能算是自己的一个意愿或想法，并没有任何实际作用。

但如果加了时间期限的话，一切就会不一样了。上述的三个例子就可能变成——我下次一定要考全班第一，我一周内要读完这本书，我吃饭之前一定要打扫好房间。

这样表达是不是一下子觉得不一样了？

有了时间的期限，就有了去完成的动力，适当的紧张感更容易帮助我们形成具体的实施方案。

制定的目标不宜太大

在学习的时候，我总会给自己制定一些小目标。

比如，我要在10分钟内做完这一页的题，或者在5分钟内学完这一页书的内容等，这样会一直有一种跟时间赛跑的紧迫感，让大脑没时间偷懒，逼迫它每时每刻都保持高速运转。

小目标如果实现了，自己也会有一种成功的喜悦感，从而给学习增加了乐趣。

反之，如果我制定的目标是10天看完一本400页的书，那么平均一天就需要看40页。

因为时间期限长，目标比较大，这个时候人偷懒的本性就会暴露出来，总会有“今天少看一点，明天补回来”的想法，越来越难以坚持时，便容易产生放弃的念头。

这是因为一开始目标定得太大，放在24小时的时间轴上，每天读40页的计划显得不够具体，会给偷懒提供借口。

把一个大目标拆分成若干个小目标，更具体的计划安排和迫在眉睫的时间限制会让人产生强大的动力，让大脑全速运转。

每完成一个目标后放松一下，休息一下大脑，然后继续向下一个小目标挺进。

相对于一直低效学习来说，这种学习方式不但轻松有效，还有利于锻炼脑力，让自己变得更聪明。

高手秘籍

机器运转越多越好用；同样，人的大脑运转越多越聪明。而让大脑运转起来的动力来源就是不断给自己设置目标任务，实现目标的过程就是自我提升的过程。

10

成功因素

兴趣爱好可以
成就高素质

兴趣与素质之间有隐性的联系

说起兴趣爱好，不能不提到素质教育。

所谓素质教育，就是以全面提高人的基本素质为目的的教育，其中包括思想道德素质、能力培养、个性发展和身体健康等。

我认为，素质教育最简单、最有效的方法就是培养兴趣爱好。

小时候，我跟大部分孩子一样，被父母拉着去上各种各样的兴趣班，弹琴、下棋、书法、乒乓球、画画，等等，每到周末我就要奔波于一个又一个兴趣班之间。

那时我也会可怜巴巴地冲着父母装委屈，可是父母每次都装看不见，对我说："虽然你现在不愿意学，以后你就会感激我们了。"直到上了大学，我才真正意识到兴趣爱好对一个人的影响原来有那么深远。

在国外大学里，几乎没有只会学习的书呆子，他们中的大多数人不仅学习好，还在其他很多方面有意想不到的闪光点。他们或者擅长弹奏某种乐器，或者是一名国际象棋高手。

虽然业余爱好与学习成绩看似没有任何直接联系，但是我身边诸多活生生的例子让我确信，这两者之间有一种隐性的联系，起着互相促进、互相助力的作用。

接下来，我会从4个方面阐述兴趣爱好对一个人的重要性，它不仅能促进学习，而且对塑造人品及改善人际交往也将发挥不可替代的作用。

兴趣爱好促进学习

为什么很多学习好的人还常常有广泛的兴趣爱好呢？因为他们能认识到兴趣爱好的益处，这样内心就不会把它与学习对立起来，反而会有意识地让爱好促进学习。

我认为，兴趣爱好对学生来说，主要有两个益处。

兴趣爱好有助于开发大脑智力，让人变得更聪明

兴趣爱好对智力开发的促进作用并不是只发生在幼儿阶段，而是在任何时候都对我们有帮助。

我有一个非常优秀的学生，他学过11年围棋，是个高手。他曾跟我说，围棋下到中盘时，需要做很多步的

思考，这种训练给他现在解难题带来了很大的帮助。

很多著名的科学家都有着广泛的兴趣爱好，如物理学家爱因斯坦、大发明家爱迪生，虽然都是工作狂，但爱好广泛，既热爱音乐，也热爱运动。

人们对兴趣爱好如此执着，其中一个重要原因是绝大多数健康的兴趣爱好都需要有思考的过程，思考可以让大脑运转得更快，从而使人变得更聪明；同时，对某一兴趣爱好不断深入探索，可以增强学习能力，改变思考问题的角度。

广泛的兴趣爱好可以让我们以最合理的方式休息、放松

如果一个人从早到晚只学习书本知识，学习效率就会降低，大脑会处于半使用状态。

如果大脑习惯了这种状态后，因为低效学习浪费的时间，将会远远超过不休息节省出来的时间。

每个人都需要适当休息，娱乐更是人的本性。如果把时间全放在学习上，而没有娱乐放松，这样做实际上压抑了天性，长期下来会造成不可修复的永久性伤害，让人慢慢地失去动力。

所以，拥有一项业余爱好，是保持高效学习的关键。

比如，学累的时候可以去健身，做做俯卧撑、举哑铃、跑步之类的运动；或者去练练琴，听听音乐，这些活动既可以控制时间，又有利于学习。

剑桥大学一共有31个独立学院，每个学院都有健身房供学生使用，然而，总是人满为患，可见大家对体育类兴趣爱好的重视。

总之，素质教育与应试教育并非是对立的，它们在一定程度上可以互相助力、互相促进。

兴趣爱好成就人生

对于大多数人来说，并不是所有的兴趣爱好都能坚持下去。

我小时候学过乐器、学过绘画，虽然现在少有弹奏、少有动笔，但这些兴趣爱好是我一生的宝贵财富。

传统的“木桶理论”说的是，一只木桶能装多少水取决于它最短的那块木板有多长。但现在木桶理论有了新的诠释：木桶可以倾斜着装水，能装多少水取决于它最长的那块木板有多长。

在英国，大学的录取系统特别注重学生的“长板”。如果你报考的是数学系，那么最重要的就是看你的数学水平有多高。

所以，每当有学生和家长问我想上英国的好大学需要准备些什么，我就会告诉他们，最重要的是早点确定好自己今后的发展方向，并提前为此做准备。而找到自己未来发展方向最好的方式就是先确定自己的兴趣爱好。

小时候，我好胜心强，特别喜欢跟别人一决高下，分出胜负，最能满足我这一心理的就是下国际象棋。

当时，我在棋校一度所向披靡，几乎没有对手。

后来在做几何题时，我惊喜地发现，其实国际象棋跟做几何题非常相似。

那时候，我就像顿悟了一样，从一个数学成绩平平的学生变成数学成绩优秀的尖子生，对数学课的学习好感越来越强，到高中时，我就确定了自己将来要学数学专业。

我的一位朋友从小就喜欢收集各类小东西，后来他在剑桥大学选择攻读地质学，现在已经开始满世界收集石头了。

一个人所从事的工作如果跟自己的兴趣爱好紧密相关，这是非常幸福且幸运的事情。

从小培养各种各样的兴趣爱好是极其重要的一件事情，因为你的某一个兴趣爱好很可能帮助你找到未来的方向，最终成就你的事业。

兴趣爱好塑造人品

人的性格和思想品质的形成因素有很多，其中兴趣爱好是影响一个人性格和品质的重要因素之一。

观察身边的人不难发现，喜欢运动的人性格大多外向、阳光；喜欢音乐的人大多心思细腻，生活品质也比较高。这些在潜移默化中培养出来的性格和品质往往会影响人一辈子。

我有一个学生围棋下得特别好，他说话、办事、思考问题逻辑性都很强，并且习惯于长远的考虑。大多数人遇到一道很难的数学题，如果想了半小时还没有做出来，基本上会选择放弃，而他会不慌不忙地调整思路，慢慢进行尝试。即便做了半天仍然没有做出来，他也从不轻言放弃。他好像只是把这道题当作一个对手，哪怕只有一丝机会也绝不言败。

不轻言放弃的精神恰恰是学数学所需要的，这种精神能让大脑进行深度的思考。虽然看似效率很低——做一道题竟然耗费这么长时间，但这恰恰是提升自己的最快方式。

无独有偶，当时我所在的英国奥数国家队有一大半队员都是国际象棋高手。从这一点也不难看出，兴趣爱好对我们意志品质的培养有多么大的帮助。

人的性格是没法通过主观意念改变的，所以从小培养兴趣爱好是提升自身良好品质的最好途径。

所谓“磨刀不误砍柴工”，性格、品质虽然一开始对于学习并没有显著的直接效果，但这好比一栋摩天大楼的地基，如果没有把地基打牢，一开始看似建得很快，但是等楼层高了之后，每增加一层都会非常困难。如果地基打得牢固，则往往厚积薄发，赶超别人。

所以，真正学习好的人一定会有意识地利用各种有意义的兴趣爱好来提升自己，培养自身良好的性格与品质。

兴趣爱好促进友谊

兴趣爱好不但可以成为一个人平时的娱乐放松方式，还可以作为一种非常好的社交方式去认识和结交志同道合的朋友。

学生时代，在学校或者班级中，我们有很多机会结交朋友。但是毕业后还能多年保持联系的，大多是因为有着共同爱好。

我有一位朋友，他特别喜欢玩一种叫作昆特牌的卡牌游戏，这种卡牌游戏比较小众，因为它的规则和玩法非常复杂，对智商是极大的挑战。此外，卡牌价格不菲，想玩昆特牌的话，需要有一定的经济基础才行。

我的这位朋友在参加昆特牌的国际比赛中遇到一位

志同道合的牌友，后来他们成为合伙人一起创业，运作的项目也非常成功。

上初中的时候，从周一到周六，从早上7点到晚上9点，我都是在教室里度过的。这种枯燥乏味的生活让我每天闷闷不乐。所以，我会在周日那天拒绝上任何补课班，为自己的兴趣爱好留出时间。我想，哪怕只有一天，我也要做自己。

长大之后我发现，虽然忙碌的学习、工作会占据自己大部分时间，但那些只占用很小一部分时间的兴趣爱好，却成就了生活的全部。

11

时间管理

跟时间做朋友

不妨跟时间做朋友

很多学生经常会感觉时间不够用，好像还没有做什么事情，一天就过去了。

有句话叫作“与时间赛跑”，说的是我们时刻要把时间当作对手，做事的时候心里要充满紧张感。

但是我觉得，与其把时间当作对手，不如把它当作朋友，这样你会惊奇地发现：每天的时间长度仿佛被拉长了，竟然可以做很多事情。

时间在一分一秒地流逝，我们常常在不知不觉中浪费掉很多时间。

为了跟时间要效益，我给大家介绍几种方法：记录时间开销、做好时间预算、计算时间成本等。

记录时间开销

我着重介绍一下这个方法，因为它不仅让我重新审视时间的意义，审视自己，而且对我的促进和改变很大。

讲这个方法之前，不能不讲讲柳比耶夫的故事。

柳比耶夫是苏联数学家、哲学家和昆虫学家。他一生出版了70多部学术著作，这个数字是非常惊人的，把这些书展开，相当于12500张打字稿。即使是一位小说家，终其一生也很难写出这么多字的作品。更别说这些作品都是关于数学、哲学、昆虫学等领域中需要严谨推论、大量证明和计算，并且需要鉴定、测量和制作标本的学术著作。他几乎跑遍了整个欧洲，实地研究昆虫，所收集的资料比当时的研究所还要多。

柳比耶夫能有这般惊人的成就并不仅仅是因为他是天才这么简单。他在26岁时独创了一种时间统计法，认真记录每项工作所花费的时间，经过统计与分析，进行月小结和年终总结，以此不断改进自己的工作方法，提高对时间的利用效率，在几十年间，他的时间统计法越来越完善。

柳比耶夫不但对自己每天的工作做记录，还对日常事务做分类，这样做的好处就是方便统计在各项活动上到底花了多少时间，以此来做时间预算，每隔一阵子就回头计算一下时间开销。

通过这样的记录，柳比耶夫获得了精准感知时间的能力。

在柳比耶夫的传记《奇特的一生》中，作者是这样描述的："柳比耶夫形成了一种特殊的时间感，我们身体深处的生物钟在他身上已经成为一种知觉器官。我同他见过两次面，在他的日记中都有记载，时间记得非常准确：1小时35分钟，1小时50分钟，然而当时他并没有看表，他借助的是一种内在的注意力。对他来说，时间的急流是看得见摸得着的。"

很多人会觉得花时间记录这些事情还不如把时间花在更有意义的事情上。但其实并不是这样的，每天把时间的开销记录下来的好处远不是精确感知时间这么简单。它一方面可以培养自己的成就感，另一方面可以避免轻易地原谅自己浪费时间。每天晚上睡觉前，我们看着自己用来记录的本子，如果发现今天做了很多事情，一定会感觉很满足；如果发现事情做得少且意义不大，一定会引起足够的警惕。

下面是一个时间开销表的例子。

时间开销表

做的事	花费时长
8点起床，刷手机、洗漱、整理房间、吃饭	1小时15分钟
上午做了一套卷子	2小时
回复信息、约朋友、收拾房间	1小时
中午与朋友共进午餐和往返饭馆	2小时
下午上网课、写作业	3小时30分钟
看微信、吃晚饭、休息	1小时
看美剧、练英语听力与口语	3小时
21:45入睡	共计：13小时45分钟 其中，纯学习时间为5小时30分钟

随着习惯慢慢养成，你的心里就会越来越踏实。哪怕平时不去翻阅，只要一看本子的边缘，发现用过的痕迹越来越多，你就会越来越有成就感。反之，如果你没有坚持下来养成习惯，每次看到那个本子，发现最后一页记录的日期是好几天前，甚至是几个月前，你就会心慌，甚至惭愧。而这种感觉就是你做一些重要事情最实在的动力。

高手秘籍

我们可以尝试做一组练习，认真回忆一下昨天或者今天到目前为止都做了些什么，逐条记录下来，并标注出所花费的时间。

做完这些后，可以接着尝试回忆并记录：前天我做了什么，上一周做了什么，上一个月做了些什么。

看上去很简单的事情，当自己真正做了之后，尤其是看着自己整理出来的记录，完全可以用“心惊肉跳”四个字来形容。因为每天像吃饭、睡觉等维持生命的活动需要10小时左右的时间。除此之外，剩下的14小时，记录下来的事情所耗费的时间加起来并不等于14，做有意义的事情的时间更是少之又少。

做好时间预算

我们除了要养成记录时间开销的好习惯，还应养成另外一个习惯——做好时间预算。

比如，临睡前把明天要做的事情和准备用时一一写下来。

1．去银行办理业务，45分钟；

2．背单词，2小时；

3．整理错题，1小时30分钟；

4．与同学踢球，3小时。

……

在做时间预算的时候，我们常常发现有很多事情要做时却不知道该先做哪个、后做哪个，想着有这么多事情要做就心烦。

解决这个问题非常简单，我会把事情分成以下4类。

1.重要且紧急；

2.重要不紧急；

3.紧急不重要；

4.不紧急也不重要。

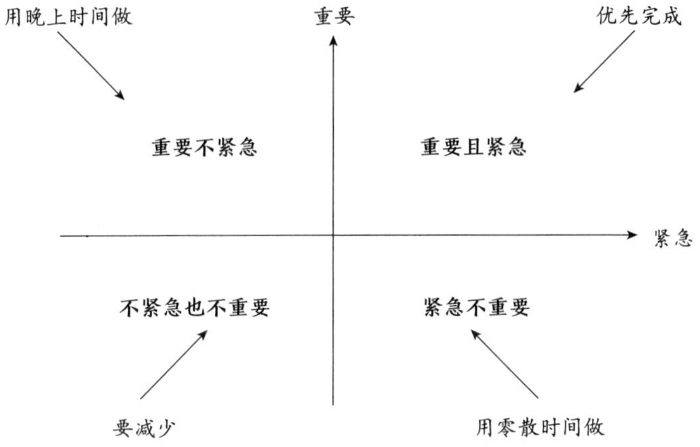

时间管理四象限法

那么，先完成哪项、后完成哪项就一目了然，先完成重要并紧急的任务，再把零散时间用在做紧急但不重要的事情上，利用晚上的时间做重要但不紧急的事情，尽量减少做那种不紧急也不重要的事情。

当你养成做时间预算的习惯，再结合记录时间开销法，一周下来你就有了一份时间预算表和时间开销表，你会自然而然地形成审计时间预算和开销的习惯。

经过一周的记录、观察和总结，你会更加了解自己。比如，哪些事情是每天或者每周固定要做的，哪些事情要花比预算更多的时间，平均每周计划之外的突发事件时间支出是多少。

这样坚持下来的结果就是，你的时间预算会越来越精准，每一段时间都会得到有效利用。

下面列出的这份任务清单可用于日常事务的评估，可以提高时间管理能力，在合理的时间范围内高质量完成任务。

任务清单		评价1	评价2	评价3
1	做一套考试真题（数学）	计划2小时	实际1小时30分钟	−0.5
2	完成数学、物理作业	计划3小时	实际2小时30分钟	−0.5
3	复习英语语法、背单词	计划1小时	实际1小时30分钟	−0.5
4	写一篇小论文	计划2小时	实际2小时30分钟	+0.5
5	跑步	计划30分钟	实际1小时	+0.5
合计		计划8小时30分钟	实际9小时	延长30分钟

计算时间成本

我再介绍两个概念——时间成本和沉没成本，当你将它们运用到日常生活中时，你就会对时间有更深刻的理解，从而更珍惜时间，提高做事效率。

时间成本

这是一个相对容易理解的概念，简单地说就是货币时间价值。比如，当我们买机票或者火车票的时候，会面临这样的选择：便宜的票能节省200元钱，但是会晚2小时到，那么，相差的200元钱就是这2小时的时间成本。

每个人每天拥有的时间是相同的，一天24小时、

1440分钟、86400秒。但单位时间体现的价值大不一样。

每个人对时间价值的计算方法是由自己的行为认知决定的。比如，有两个年轻人租房，一个人选择住在租金便宜但距离很远的地方，每天上下班要花4小时。而另一个人选择了租金较贵但距离公司较近的地方，他用每天省下来的4小时学习，不断提升自己。几年后，第二个年轻人升职、涨薪；而第一个年轻人却还停留在原地。

我们做事情的时候，要时刻考虑自己的时间价值，只要你肯计划，你的时间价值就远比你想象的要高很多。

回想一下自己有没有过类似“等下次有时间再说”这种想法，结果就再也没有做过这件事情。“明日复明日，明日何其多”说的就是这个道理。

沉没成本

这是一个很有意思的概念。沉没成本是指以往发生的、现在或者将来的任何决策都无法改变的费用。沉没成本是一种历史成本，已经发生，不可更改，属于不可控成本。但它在很大程度上会影响人们的行为方式与决策，所以在做决策时，我们应该尽量排除沉没成本的干扰。

举个例子，假设你买了一张电影票，看到一半时发现电影并没有你想象中那么好看，你现在是选择忍着看完，还是退场去做其他事情？很多人这时候会想：钱都花了，不看完不就浪费了吗？这时候电影票的成本就是沉没成本，如果你硬着头皮看完这场电影，只会“赔”得越来越多。

这个道理看似简单，但现实生活中大多数人都容易被沉没成本所干扰，没有办法做出理智的选择。

比如，很多人并不喜欢大学时所学的专业，并且在这个专业上也没有什么天赋，可是本科毕业后依然选择在这个专业上继续深造，或从事这个专业的相关工作，理由是自己学了这么多年，如果放弃实在可惜，结果就在这种思维定式下越陷越深。

学习何尝不是如此呢？当你解题解了一半感觉不对劲儿的时候，当你在一段时间里使用某种学习方法感觉无所适从的时候，不妨马上“刹车”，这样你的损失才是最小的。

番茄时钟法

选择一个待完成的任务，将每个番茄时段设为25分钟，专注工作，中途不允许做任何与该任务无关的事，直到番茄时钟响起，短暂休息一下（5分钟即可），然后开始下一个番茄时段。

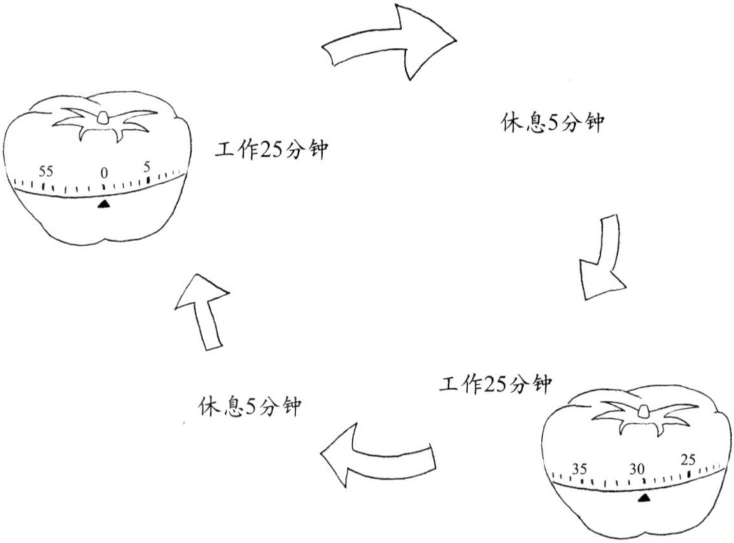

每4个番茄时段结束后，多休息一会儿（20分钟或30分钟）。

番茄工作法极大地提高了工作效率，还会有意想不到的成就感。

在25分钟后，番茄钟响起，可以在纸上画一个记号，记录下来。

休息5分钟后，进入下一个番茄时段。

12

重塑观念

“怕”字一去天地宽

恐惧本身才是最让人恐惧的

在传统观念中，有三样东西但凡跟学生沾边，老师和家长就会感到害怕，概括起来就是“三怕”，即怕学生玩心太大、怕学生与社会接触过多、怕学生遭遇失败和挫折。

说起玩，每个学生其实都有玩的需求，可是在繁重的学业面前，很多学生不得不压抑自己爱玩、想玩的心性。玩，似乎成了洪水猛兽一般的存在。

我认为，这是对玩的一种误读，玩是人的天性，我们不但不应扼杀玩的想法，而且要给它足够的空间，让它发挥对学习的积极促进作用。

我们在生活中常常看到很多学生按照老师和家长的“不要与陌生人说话”的要求，不敢跟外界有任何接触，上网交友更是禁区。孩子生活在一个封闭的世界里，看似安全，但真的安全吗？在我看来，生活在温室中，与世界隔绝也许才是最大的危险。

有很多学生跟我反映，虽说失败是成功之母，但是他们的老师和家长似乎不能容忍哪怕是偶尔的考试失败，动辄批评、指责，仿佛一次失败天就会塌了一样。我认为，失败不见得是坏事，而从未失败过、始终一路坦途才最令人担忧。

其实，恐惧本身才是最让人恐惧的。所以，只有克服恐惧心理，转变观念，才能把我们担心的事情化于无形。

以玩促学

从小到大，妈妈一直把爱玩的我叫“大玩家”。在我看来，玩是生活中无比重要的事情，甚至跟学习一样重要。

记得在9岁的时候，我的个头还没有台球杆高，我就迷上了打台球。我们家居住的小区里有一间台球室，我每天早早写完作业就会和大人们一起打台球。这项竞技体育运动养成了我较强的求胜欲，让我在面对挑战时从不认输。

同时，我还迷上了下国际象棋。如果想下棋却没人对弈，我就会拿着国际象棋的棋谱研究，甚至干脆自己和自己“互搏”。

国际象棋极大地锻炼了我的反应能力与应变能力，我的空间思维与逻辑思维就是在那时打下的基础。后来我成为大家眼中的数学高手，与精通棋艺有很大关系。

正是这种爱玩的天性被完好地保留下来，少年时期的我阳光、自信、快乐，虽然考试成绩常常不尽如人意，但是我喜欢的绘画、手工、棋类，以及其他体育运动，让我拥有了丰富多彩的美好时光，并从中获得无穷的乐趣。

在我看来，玩不仅带来快乐与自信，而且是高效率学习的润滑剂。我认为，学生不仅要有学习时间，还要有娱乐时间，要保证学习效率最大化，学不进去的时候可以去玩玩游戏、运动一下，大脑只有放松了，才会有灵感、有专注力，学习效率才会提升。

在剑桥大学求学时，我发现剑桥学生都非常会玩，不知从何时起，这句“study hard，playing harder”（学得有多狠，玩得就要有多疯狂）慢慢地在剑桥学生间传开，成为“校训”。尤其是到了夏天，剑桥大学著名的Mayball（五月舞会）更是一场盛大的狂欢。剑桥大学在这一天会被装扮得像个游乐场，邀请著名乐队来露天演出，还会举行大型的烟火表演和热气球表演；

宽敞的草坪上会架起小摩天轮和碰碰车。参加舞会的同学们从晚上7点一直跳到第二天早上7点，如果到那时你还没有醉倒、累倒，依然神采飞扬地满场子跑，就会被称为“舞会的幸存者”。最后，撑一支长篙在康河上划船，结束青春的狂欢。整个活动既古典传统又不乏活力与张扬。

毕业几年，我身上仍然保持着剑桥学生“会玩”的传统，现在处于创业阶段的我虽然压力很大，工作很忙，但我每天仍给自己留出玩的时间。因为我坚信，“会玩”是有价值的。

积极参加社交活动，打开心扉

每个孩子都是有思想、有感情的独立个体，他们有交友的需要，有倾诉的需求。但这是需要通道的，如果这条通道被堵上了，他们内心的声音得不到倾听和回应，他们的不良情绪得不到宣泄，久而久之，可能就会出现心理问题。

我很幸运，在成长过程中，父母给我提供了倾诉的机会。

在决定出国之后，我休学在家自学。经过父母允许，我每天可以上一会儿网。基于共同的爱好，我和一些素不相识的数学爱好者成为网友。

虽然直至今天我们也未曾谋面，但是因为有了他们的帮助，我的数学水平得到迅速提高，为我后来在各项数学竞赛中取得优异成绩奠定了扎实的基础。

那段经历让我深刻地认识到，在一个虚拟的世界里，遇到对的人，对一个在逆境中求学的人来说有多重要。

我永远不能忘记当年给过我帮助的那些网友。

“牛老弟”是我在“数学吧”认识的。我刚加他为好友，他就给我出了一道高中数学题，说试试我的水平。当时我以为他是一名高中生，后来才得知他只是一名初一学生，这把我吓了一跳，因为他的数学能力早已超越了初中生的水平。

这位“牛老弟”初一时就自学完了高中数学，让我自叹不如，也使得我后来在自学之路上从不敢有丝毫自满和懈怠。

我管A哥叫“师傅”，他是我见过的对数学最痴迷的人。他曾说过一句话：“高考后，别怪我‘大开杀戒。’”我当时还疑惑他要干什么。直到高考后我才知道，他竟然闭门三天学完了复变函数。我不禁感慨万千，这可是大三才学的一门难度很大的课程啊！当我听他说把《数学分析》这门课学了十多个版本的教材，已经开始自学大学数学课程时，我触动非常大。

在家自学的那段日子里，多亏在网上遇到了那么多有着共同数学爱好的网友。与他们无拘无束地倾诉和交流，让我感受到友谊的美好。有了他们的引领和帮助，我的数学自学之路走得又快又稳。后来，我参加国际奥数竞赛，考试间隙坚持做网上文字直播，其实就是为了像曾给予我帮助的网友一样，去给他人以指引和帮助。

很多亲朋好友对我去英国留学持怀疑态度，因此，我抱着一定要学业有成的决心，恨不得把所有的精力都放在学习上，这让不少外国同学觉得我是一个不合群的书呆子。他们还经常和我开一些他们觉得没有恶意却让我非常反感的玩笑。

慢慢地，我意识到生活中并不是只有学习，还有各种各样值得去体验的人生经历，于是我开始敞开心扉，尝试着跟曾经取笑过我的人交朋友。

我不仅收获了友谊，了解了不同国家的文化、历史，而且塑造了兼容并包、豁达自信的性格。

我一直想问一些老师和家长，你真的知道现在的年轻人在想什么吗？当你无法走进他们的内心世界，当你被他们排斥时，那还不如给他们一个开放的世界，让他们有志同道合的朋友，让他们可以敞开心扉。

失败不是坏事

我们不妨回想一下，令自己记忆最深刻的往往是那些带来挫败感的事情，正是这些经历才容易引起反思和总结，促使我们成长。

对学生来说更是如此，失败不是坏事，及时总结，可以让坏事变好事。

在这方面，妈妈的做法对我影响比较大。她知道我是个心高气傲的孩子，所以很少当着别人的面批评我，也不会当面要求我改正一些习惯。

后来，我问她："为何不指出我的毛病呢？"她说："当时说了你也未必能听进去，不如让失败和挫折来告诉你，生活才是你最好的老师。"

我刚到英国时，自恃在数学方面比其他同学强，有些骄傲情绪，结果在参加一次重要的奥数选拔赛中，试卷的第一道题就让我慌了手脚，以致影响整场比赛的发挥。

这次经历对年少轻狂的我打击很大，也令我在痛定思痛后收敛了许多锋芒，从此学会了胜不骄，败不馁，成熟了许多。现在回头再看，我从这次挫败中获得的教训，其价值远远大于我后来取得的成绩，因为它让我受益终生。

投身教育行业的这几年，我带过很多学生，但更多的是陪伴了一批与名校失之交臂的学生。我鼓励他们，即使没有进入自己心仪的大学，也可能获得意想不到的惊喜人生。

塞翁失马，焉知非福。一时的荣辱得失也许只是一件小事，如果能意识到这一点，你在思想上的收获也许会比被名校录取更有价值。

无数事实证明，碰壁和失利会让我们的心沉淀下来，让我们学会低调做人、踏实做事。所以，不妨让我们“享受”失败带给我们的成长。在某种意义上，失败不是成功之母，而是成功本身。